다음세대를 살리는 목양교사

교회학교 부흥을 위한 효과적인 방법

다음세대를 살리는
목양교사

임계빈 지음

하나님의 사람을 만들어 가는

다음세대를 살리는 목양교사

초판 1쇄	2017년 11월 20일
지은이	임 계 빈
펴낸이	채 주 희
펴낸곳	엘맨출판사
주소	서울시 마포구 신수동 448-6
전화	02-323-4060, 팩스 02-323-6416
등록번호	제10-1562호(1985. 10. 29)
e-mail	elman1985@hanmail.net
홈페이지	www.elman.kr

잘못된 책은 바꾸어 드립니다.
무단복제를 금합니다.

ISBN 978-89-5515-612-6   (03230)

값 12,000 원

| 개요 |

교회학교 부흥을 위한 목양교사

(교회학교 활성화를 위한 방안)

    본 연구에 의한 결과 침체된 한국 교회 활성화 방안 중에 통합적으로 해결하려는 논의가 부족했음을 볼 수 있었다. 교회학교의 활성화가 한국 교회의 부흥에 직결된다는 인식은 있지만, 보다 구체적이고 통합적인 방안을 제시하지 못하는 것이 현실이다. 교회학교 활성화의 주역은 교사이다. 교사를 모집하고 교육하고 훈련하는 면에서는 간헐적으로 진행하지만 미봉책일 때가 많은 것이 사실이다. 본 논문의 목적은 침체에 빠져 있는 한국 교회에 활력을 불어 넣는 방안을 찾는 것이다. 또 한국 교회의 미래인 다음세대 사역을 회복할 수 있는 방법 가운데 하나가 목양교사 사역임을 제시한다.

    연구 목적은 먼저 주님의 몸 된 교회에 주어진 교육의 사명을 밝히는데 있다. 교육의 핵심 주제인 목양교사에 대한 성경적, 신학적, 역사적 모델을 살펴보고, 목양교사 사역이 교회학교 활성화의 핵심 방안으로써 교회학교 활성화에 도움을 준 여부를 밝힌다. 목양교사는 어떻게 세워지는지, 목양교사 사역을 실제적으로 진행하는 목회자와 평신도 교사들의 설문을 통하여 목양교사훈련과 시행을 통한 교회학교 활성화 방안을 제시하였다.

선행 문헌 연구에서 교회학교 활성화를 위하여 교사가 핵심이며, 교사를 어떻게 세워야 하는가에 대해 전문가의 연구 결과를 제시하고, 주요 교단과 어린이 선교 단체 및 목양교사훈련원의 교사교육을 비교 분석하였다. 또 목양교사 사역을 하는 한국의 대표적인 세 교회를 소개한다. 목양교사의 원리와 실천의 기초로 삼위 하나님이 교사이심을 기술하고, 목양교사의 모델, 네 사람을 제시하였다. 목양교사가 주님의 지상 위임령과 대헌장을 이루는 현장임을 보여 준다. 목양교사의 근원을 알기 위하여 교회사에 나타난 교사의 모델을 찾아 기술하였다.

연구 결과, 목양교사를 하는 교회의 목회자 96%와 교사 92%가 목양교사 도입 후 긍정적인 변화가 있었다고 응답했다. 80%는 목양교사를 하므로 교회학교 활성화에 기여를 하였다고 답하였다. 목양교사 만족도는 90%에 이른다. 이러한 결과는 교회학교 활성화를 고민하는 교회와 교회학교에 목양교사가 대안으로써 입증되었고, 교회학교를 질적 양적으로 성장시킴으로써 교회학교로부터 효과적인 대안으로 인정되었다.

본 논문은 목양교사 사역을 감당하는 중소형 교회의 목회자와 평신도 교사를 대상으로 이루어졌고, 침체된 교회학교 활성화를 위하여 평신도가 목양교사를 함으로 교회학교의 획기적인 변화를 가져오고 나아가서 개교회와 한국 교회를 활성화할 수 있는 모델을 제시하였다.

| 감사의 글 |

이 사역에 힘을 북돋아 주신 분들께

먼저 사역의 비전을 주시고 목회자의 길로 입문하게 하시며 오늘이 있기까지 세밀하게 간섭하시고 인도하여 주신 하나님께 경배와 찬양을 올립니다. 7년 동안의 신학과정, 그리고 3년 동안 기독교 교육학을 공부하고, D. Min과정을 공부하면서 때로는 고뇌와 번민에 처하였으나 바로 그 순간에도 같이 하시며 세미한 음성으로 말씀하여 주신 우리 주님을 기억합니다. 목회자의 길로 가기 위해 훈련받는 과정에서 앞으로 하나님의 사역의 계획 속에 나에게 주신 일이 무엇일까를 고민하는 가운데 한국 교회가 당면한 문제점이 무엇일까를 생각하게 되었습니다. 교회의 사명 가운데 중요한 위치를 차지하는 교회교육이 그 위치를 잃어버린 안타까운 한국 교회의 현실을 바라보며 구약성경의 쉐마와 예수님의 지상대명령 그리고 초대 교회의 신앙이 이 땅의 교회 가운데 다시금 일어나기를 갈망하는 마음으로 사역하게 하심에 감사

했습니다.

　그리고 하나님은 저에게 침체의 길을 걸어가는 교회학교에 새로운 활력을 불어 넣는 목양교사 사역을 정리할 수 있도록 Evangelia University 목회학 박사과정을 통하여 귀한 교수님들을 만나게 하셨습니다. 목회학 박사과정에서 교수해 주신 신현국 총장님과 대학원장 원차희 교수님과 모든 교수님들의 수고와 사랑을 잊을 수 없습니다. 특별히 교회교육에 탁월한 안목을 가지고 계신 강순혜 교수님의 지도력은 제가 연구하는 교회학교 목양교사 사역에 더 깊은 학문적 체계를 가지도록 이끌어 주셨고, 앞으로 목양교사 사역이 나아가야 할 방향을 확실하게 지도해 주셨습니다.

　또한 지나온 과정에서 말씀과 기도로 힘을 북돋아 주신 영적인 아버지 역할을 해주신 스승님들께도 감사를 드립니다. 참된 목회가 무엇이며 영혼 사랑과 말씀 사랑하는 것에 대하여 귀한 가르침을 몸소 보여 주신 내수동교회의 박희천 목사님, 일찍이 목양교사훈련원을 통해 목양교사를 접하게 하신 한성택 목사님, 본 박사과정에 입학하여 마칠 때까지 수고를 아끼지 않으신 최식 교수님께도 깊은 감사를 드립니다.

　지면을 빌어서 감사드리기는 어려운 환경 가운데서도 자녀의 앞날을 바라보시며 기도해 주신 어머님과 끝까지 소망을 잃지 아니하고 인내해 준 사랑하는 아내 소영, 자녀 하영, 은혁 그리고 물심양면으로 도와주시며 사랑해 주신 중앙단대교회 두 분의 장로님과 모든 성도님들께 깊은 감사를 드립니다.

차례

개요 5
감사의 글 8
표 목록 14

제1장 서론 17
1. 연구 배경 19
2. 연구 목적 22
3. 연구의 의의 25
4. 논문의 연구 질문 26
5. 주요 용어의 정의 27
6. 연구의 범위와 한계 28
7. 논문의 연구 방법 29
8. 요약 29

제2장 목양교사 사역의 실제 31
1. 선행 문헌 연구 33
2. 교단, 어린이 선교단체의 교사교육 실태 37
　(1) 장로교단의 교사교육 실태 37
　　1) 예장 합동 주교교사 통신대학과정 37
　　2) 예장 통합 교사대학과정 39
　　3) 예장 고신 총회교사대학과정 41
　(2) 어린이 선교단체들의 교사교육 실태 43
　　1) 한국어린이교육선교회의 교사교육 실태 43
　　2) 세계어린이선교신학교의 교사교육 실태 44
　　3) 어린이전도협회의 교사교육 실태 46

Contents

  (3) 목양교사훈련원의 교사교육 실태 48
  　1) 목양교사훈련원 48
  　2) 목양교사 양성과정 소개 54
  　3) 목양교사 세 날개 양육과정 57
  (4) 목양교사 사역하는 교회 59
  　1) 부산 서부교회 59
  　2) 천안 갈릴리교회 65
  　3) 부산 예환꿈교회 70

제3장 목양교사의 성경적 근거와 중요성 81
  1. 교회학교 교사에 대한 성경적 의미 83
  2. 삼위 하나님 : 목양교사의 원리와 실천의 기초 87
  　(1) 근원적 교사이신 하나님 87
  　(2) 위대한 교사이신 예수님 90
  　(3) 내재한 교사이신 성령님 95
  　(4) 요약 97
  3. 성경에 나오는 목양교사의 모범 98
  　(1) 기도하는 교사_ 사무엘 98
  　(2) 전도하는 교사_ 바울 100
  　(3) 양육하는 교사_ 아볼로 104
  　(4) 심방하는 교사_ 바나바 106

제4장 교회학교 역사(교사를 중심으로) 111
  1. 교회교육에 대한 성경적 고찰 113
  　(1) 구약 성경에 나타난 교사 113

　　　　1) 전기 이스라엘의 교육 114
　　　　2) 후기 이스라엘의 교육 116
　　(2) 신약 성경(초대교회)에 나타난 교사 120
　2. 교회교육에 대한 역사적 고찰 125
　　(1) 중세와 종교개혁 시대에 나타난 교사 125
　　　　1) 어거스틴이 말하는 교사 125
　　　　2) 아퀴나스가 말하는 교사 127
　　　　3) 루터가 말하는 교사 130
　　　　4) 칼빈이 말하는 교사 132
　　(2) 근대 교회학교에 나타난 교사 137
　　　　1) 영국의 교회학교 운동 137
　　　　2) 미국의 교회학교 운동 139
　　　　3) 한국의 교회학교 운동 141

제5장 연구 방법과 분석 결과 147
　1. 연구 내용 149
　2. 연구 방법 150
　3. 표본의 구성 151
　　(1) 교역자들의 일반적인 배경 151
　　　　1) 교역자 배경 변인별 분포 결과 분석 151
　　　　2) 목양교사를 만나기 이전 조사 연구 결과 155
　　　　3) 목양교사 사역의 경험과 교육현황 조사 159
　　　　4) 목양교사 도입 이후의 변화 163
　　(2) 교회학교 목양교사들의 일반적 배경 165
　　　　1) 평신도 배경 변인별 분포 결과 분석 165
　　　　2) 목양교사 경험과 교육현황 조사 연구 결과 166
　　　　3) 목양교사 도입 이후의 변화 174

제6장 목양교사 세우기(모집, 훈련, 관리) 177
　1. 목양교사 확보 방법 179
　　(1) 신중한 교사 모집 179
　　(2) 교사 모집의 절차와 단계 181

1) 교사의 모집 계획 수립 ····· 181
   2) 교사 선택의 기준 검토 ····· 181
   3) 홍보 ····· 183
   4) 면담 ····· 184
   5) 훈련과 서약과 임명 ····· 185
 2. 목양교사, 훈련으로 세워진다 ····· 186
   (1) 교사훈련의 중요성 ····· 186
   (2) 교사훈련의 목적 ····· 189
   (3) 교사훈련의 방법들 ····· 190
     1) 교사 예비교육 ····· 190
     2) 교사 계속교육 ····· 192
     3) 교사 전문교육 ····· 195
   (4) 교사훈련과정 소개 ····· 196
 3. 교사 관리 ····· 198
   (1) 지속적인 관심과 훈련 ····· 198
   (2) 교사가 사역을 그만두고 싶을 때 ····· 199
   (3) 교사의 유지 방안 ····· 200
 4. 교회, 교단, 선교단체의 역할 ····· 202
   (1) 교회의 역할 ····· 202
   (2) 교단의 역할 ····· 204
   (3) 외부 선교단체의 역할 ····· 206
   (4) 요약 ····· 207
 5. 목양교사 사역을 적용할 때 유의 사항 ····· 208

제7장 결론과 제언 ····· 213
 1. 결론 ····· 215
 2. 연구의 함의 및 제언 ····· 216
   (1) 이론적 함의 ····· 216
   (2) 실천적 함의 ····· 217
   (3) 연구의 한계와 후속 연구를 위한 제언 ····· 218

참고문헌 220

부록 229

    1. 목양교사(목회자) 설문 231
        (1) 응답자의 정보 232
        (2) 목양교사를 만나기 이전 조사 233
        (3) 목양교사 사역의 경험과 교육 현황 조사 235
        (4) 목양교사에 대한 교회적 지원 실태와 필요 조사 237
        (5) 목양교사 사역 이후의 바람 238
    2. 목양교사(평신도) 설문 240
        (1) 응답자의 정보 241
        (2) 목양교사 경험과 교육 현황 조사 241
        (3) 목양교사에 대한 교회적 지원 실태와 필요 조사 244
        (4) 목양교사 사역 이후의 바람 247

■ 표 목록 LIST OF TABLES

    [표 1] 예장 합동측 주교교사 통신대학 교육과정 39
    [표 2] 통합 총회교육부 교사대학 교육과정 40
    [표 3] 고신 교사 통신대학 커리큘럼 42
    [표 4] 한국어린이교육선교회 전문지도자과정 44
    [표 5] 세계어린이 선교신학교 신년 교사강습 프로그램 45
    [표 6] TCE 1, 2단계 47
    [표 7] 슈퍼세미나 47
    [표 8] 목양 컨퍼런스 55
    [표 9] 목양교사 집중훈련 55
    [표 10] 목양교사대학 교육과정 56

[표 11] 목양 세 날개 양육학교 ····· 57
[표 12] 조사 대상 및 표집 방법 ····· 152
[표 13] 교역자들의 일반적인 배경 ····· 153
[표 14] 목양교사 이전의 교회학교 만족도 ····· 155
[표 15] 교회학교가 만족스럽지 못한 이유 ····· 156
[표 16] 목양교사와 일반 교회학교 교사의 차이 여부 ····· 156
[표 17] 목양교사와 일반 교회학교 교사의 차이점 ····· 157
[표 18] 목양교사가 교회학교 활성화에 도움 여부 ····· 158
[표 19] 목양교사가 교회학교 활성화에 도움이 되는 이유 ····· 158
[표 20] 목양교사를 시작하는 교회의 필요 사항 ····· 159
[표 21] 교회의 목양교사 만족도 ····· 160
[표 22] 목양교사에 대한 첫 인식 ····· 160
[표 23] 교회에서 진행하는 목양교사 사역 현황 ····· 161
[표 24] 담임목사의 목양교사 지원 현황 ····· 162
[표 25] 목양교사 도입시 도움 사항 ····· 163
[표 26] 목양교사 도입 이후의 변화 ····· 164
[표 27] 교회학교 목양교사들의 일반적 배경 ····· 167
[표 28] 목양교사의 사역 현황 ····· 169
[표 29] 목양교사를 하지 않는 이유 ····· 170
[표 30] 목양교사가 진행하는 사역 현황 ····· 170
[표 31] 목양교사를 반드시 해야 하는 이유 ····· 172
[표 32] 목양교사훈련 현황 ····· 174
[표 33] 목양교사가 가져온 변화 실태 ····· 176
[표 34] 교사 계속교육 방법 ····· 194
[표 35] 전문 지식과 일반 지식으로 분류한 교사교육 내용 ····· 196
[표 36] 교사교육의 실제적 교육 과목 ····· 198

제1장

서론

제1장
• • •

서론

본 논문은 "침체에 빠져 있는 교회학교에 활력을 불어 넣어 한국 교회의 미래인 다음세대 사역을 다시 회복할 수 있는 방법은 없는가"하는 문제를 다루는 것이다.

1. 연구 배경

한국 교회는 20세기 후반 기독교 역사상 유례가 없는 부흥을 경험했다. 이 땅에 기독교가 들어온 지 100년이 지난 한국 교회가 짧은 역사 속에서 1천 만 명의 신도를 확보할 수 있었다는 것은 우연한 사건이 아니며, 이것은 한국 교회의 성장을 숫자적으로 말해주고 있는 것이다.[1] 세계 10대 교회 중에 5개 교회가 한국 교회일 만큼 눈부신 성장과 발전을 이루었다. 그것도 순복음, 장로교, 감리교, 침례교 등 교파별로 고

---

1) 김수진, *평신도 운동과 교회성장*(서울: 대한예수교장로회 총회 출판국, 1989), 13.

루 분포되어 있다.

그러나 21세기에 들어선 한국 교회는 성장의 정체를 넘어 오히려 수적으로는 뚜렷한 감소세를 보이고 있다. 인터넷 기독교계 신문인 '뉴스앤조이'는 2014년 9월에 있었던 총회보고서를 토대로 대한예수교장로회 합동(예장 합동), 고신(예장 고신), 합신(예장 합신) 한국기독교장로회(기장), 통합(예장 통합), 기독교대한감리회(감리회) 등 6개 교단의 지난 10년간 교세 변화를 조사한 것을 보도했다. 교인 수는 6개 교단 모두 줄어들고 있는 추세였다.[2]

이러한 여파는 교회학교의 수적인 감소로 나타나고 있다. 교회의 역사를 보면 교회의 성장은 교회학교의 성장과 맥을 같이 하였다. 유럽 교회와 미국 교회의 역사가 증명하고 한국 교회도 예외는 아니다. 한국 교회의 미래는 현재의 교회학교이다. 교회학교가 성장할 때 그 시대의 교회도 성장하기 때문이다. 이것을 반대로 이야기하면 교회학교의 침체는 교회의 침체로 이어지게 된다는 의미이다. 현재 교회학교의 모습이 앞으로 10년, 20년 후의 한국 교회의 모습이다. 안타깝게도 한국 교회 교회학교는 급격하게 쇠퇴하고 있다.

2000년대에 들어서면서 교회학교의 위기에 대해서 많은 사람들이 언급하였다. 2011년 8월 통계에 따르면 교회학교 사역을 포기하고 문을 닫는 교회가 한국 전체 교회의 13%에 달한다. 1987년 전체 개신교 교인의 50%가 교회학교 학생이었던 반면 1994년에는 전체 교인의

---

2) 구권효, "교인은 영양실조, 목사는 비만" 뉴스앤조이, 2014. 10. 10. http://www.newsnjoy.or.kr/news/quickViewArticleView.html?idxno=197728

32%로 줄어들었고, 2004년에는 27%로 큰 폭으로 감소되었다. 현재 장년 대비 27%인 교회학교 학생들이 현재의 감소 추세대로 간다면 2030년에는 10%이하로 떨어져서 2030년 장년 신자를 450만이라 가정할 때, 현재 200만 명의 교회학교 학생들의 숫자가 50만도 안 된다는 결론에 이르게 된다. 최근 보도에 따르면 교회학교 학생 수의 감소로 많은 교회의 여름성경학교가 존폐 위기에 처했다 한다.[3]

교회학교의 침체는 두 가지 현상으로 나타나게 되었다. 하나는 교회학교 학생 수의 감소인 양적 침체 현상이다. 다른 하나는 교회학교 교육의 질적 의욕이나 활력이 없다는 것이다. 이 두 가지는 실제적으로는 구분 지을 수 없고 뗄래야 뗄 수 없는 밀접한 연관관계가 있다.

한국 교회 백주년 기념사업으로 실시한 설문조사 내용 중에 기독교인이 된 연유를 묻는 질문에서 '교회학교를 다녔기 때문이라'는 대답이 30.3%로 가장 높은 비율을 차지했다. 이는 교회학교 교육이 한국 교회 양적 성장에 가장 큰 영향을 미쳤다는 결론이 된다. 그런데 이와 반대로 전국 교도소에 수감 중인 재소자들을 대상으로 설문조사를 실시한 결과 '교회학교를 다녀본 경험이 있다'는 사람이 60%나 되어 앞의 조사와 대조적인 면을 보이고 있다.[4] 위의 결과가 우리에게 시사하는 바는 교회학교 교육의 중요성이라 할 수 있다.

---

[3] 조준영, "주일학교 교사의 땀방울," 『기독신문』, 2012년 8월 13일자, http://www.kidok.com/news/articleView.html?idxno=76589.
[4] 김순찬, "돕는 자로서의 교회학교 교사교육에 관한 연구," (석사학위논문, 안양대학교, 2008), 1.

2. 연구 목적

현재 쇠퇴하는 교회학교 교육에 어떻게 하면 의욕과 활력을 불어넣을 수 있는지 고민하여 볼 필요가 있다. 한국 교회 교회학교의 작금의 현실 가운데 생각해 보아야 할 것은 교육의 주체이다. 즉 교회에서 누가 가르치고 있느냐는 것이다. 사도 바울은 교회의 많은 직책 중에 하나님께서 목사와 교사를 세워서 가르치게 하셨다고 한다(엡 4:11, 12). 교육이 이루어지려면 교사, 학생, 교재, 교육 환경 등이 골고루 갖춰져야 한다. 이들 가운데 가장 중요한 요소는 바로 교사이다. 그 결과 교회교육의 위기들 중에 가장 심각한 것은 교회학교 교사의 문제이다. 동일한 조건을 가정하고 가르친다면 어떤 교사가 가르치느냐에 따라 그 결과는 판이하게 달라진다. 똑같은 교육 환경이라면 어떤 교사가 가르치느냐에 따라 교육의 효과는 많이 다르게 나타난다. 같은 조건을 가진 학생이라면 그를 지도하는 교사에 따라 학습의 결과는 현저한 차이를 가져온다. 이처럼 교육이 이루어지는 일선 현장에서 가르치는 교사의 역할이 얼마나 중요한지 알 수 있다. 그러므로 교회학교 교사의 사명과 질을 높일 때 교육의 효과 또한 높아질 수 있다.

유진 뢸케파튼도 교사는 교회학교 활성화에 가장 중요한 요인이라고 주장한다.5) 교육은 학습자의 인지에만 영향을 미치는 것이 아니라 학습자의 행동과 삶의 유형을 결정짓는데 지대한 영향을 미친다. 학자

---

5) Roehlkepartain, Eugene C., *The Teaching Church : Moving Christian Education to Center Stage*(Nashville : Abingdon Press, 1993), 100.

마다 다양한 의견들이 있지만 여러 가지 교육 요소들 가운데 무엇보다도 교육의 주도자인 교사의 역할은 매우 중요하다. 학습자는 교사로부터 전인적인 영향을 받기 때문이다. 헨리에타 미어즈와 밀포드 쇼런드는 '교회학교의 성공은 90%가 교사에게 달려 있다'고 하였다.[6] 그러므로 교회와 교회학교를 위해 바르고 참된 교사를 교육하고 세우는 일은 교회의 과업이라고 할 수 있다.

21세기는 성도 개개인을 양육하고 훈련하여 교사로 헌신하도록 하여야 한다. 그러므로 무엇보다도 각 교회 및 교단과 다음세대 선교단체들의 교사 양성의 제도화가 시급하다. 교회학교 교사 양성의 제도화는 1980년대 예장교단을 중심으로 처음 시도되었다. 뒤이어 90년대 교사 양성의 제도화는 범교단적으로 뿌리내렸다. 하지만 이러한 노력에도 불구하고 교단에서 실시하는 교사교육과 개체교회의 실정과의 괴리감은 아직 완전히 해결되었다고 보기는 어렵다. 이는 교육이 이루어지는 개교회 교육적 환경의 열악성과 교사 및 교육 지도자 개개인에게 충분히 동기가 부여되지 않은 결과라고 할 수 있다. 또한 교육의 필요성에 대한 교회 구성원의 무지뿐만 아니라 교육에 의한 내적 및 외적 성장과 변화의 가능성을 발견하지 못하고 그것을 자각하지 못한 점에 있다 하겠다.

교사와 관련된 문제는 여러 가지 측면에서 나타나고 있다. 시간, 정성, 재정의 헌신을 필요로 하는 교사의 직무는 날이 갈수록 지원자의

---

6) The Evangelical Teacher Training Association, 훌륭한 교사, 김순희 역(서울 : 생명의 말씀사, 2001), 12.

수가 줄어들고 있으며, 교사의 연령층 또한 낮아지고 있는 것이 현실이다. 줄어드는 교사의 자원으로 인하여 자발적인 헌신보다는 강요에 의한 것이거나 준비도 되어 있지 않은 사람들을 교회학교 일선에 투입하는 경우가 많다.[7]

교회학교 교사들은 일반적으로 자원 봉사자들로 구성되어 있다. 올바른 교사교육을 위해서는 시시각각으로 변하는 학습자의 현실성과 열악한 교회학교 교육의 현장성에 기초한 체계적이고 현실적이며 전문적인 교사교육과정이 필요하다. 교사들은 이론 연구가가 아니다. 교사들은 학생들에게 단순한 성경 지식의 전달자가 아니라 총체적인 삶의 실천으로서의 신앙을 가르치는 현장 전문가이다. 그러므로 교회학교 교사는 신앙의 모범을 보여 줌으로 통합된 교육을 필요로 한다. 일부 대형 교회를 제외한 대부분의 교회에서는 여러 가지 봉사를 한 사람이 감당해야 한다. 교사 스스로도 영혼 사랑의 열정이 부족하다. 교사 스스로 훈련을 받고자 하여도 제반 여건이 허락하지 않는 것이 당면한 현실이다. 이러한 현실에도 불구하고 교사들을 교육하는 일은 최우선의 자리에 놓아야 할 대단히 중요한 일이라 할 수 있다.

교회학교 교육의 중요성은 말로 다 표현하지 못할 정도로 중요하다. 하지만 교회학교 사역에 동참하는 대부분의 교역자들과 교사들은 다음세대 사역에 관련하여 전문적인 교육을 받지 못한 것이 현실이다. 그 결과 교회학교는 외부적인 요인으로 모든 초점을 돌릴 뿐 어떤 대안을 제시하지 못하고 있다. 교회학교에 다시 활력을 불어넣을 방법은

---

7) 류은정, "교회교육을 위한 교사의 정체성에 관한 고찰"(석사학위논문, 장로회신학대학교, 1999), 5.

없는가? 이는 교회사역에 동참하는 모든 이들의 한결 같은 바람이다. 본 연구자도 35년 동안 교회학교와 어린이 선교단체 사역을 지속해 오면서 고민을 한 적이 한두 번이 아니다. 그래서 교회학교 부흥을 위한 각종 세미나, 교사대학, 교회학교 부흥을 위한 다양한 서적 등을 통하여 나름대로 어려움을 극복하려는 노력을 시도해 보았지만 일시적인 도움을 줄 뿐 제자리를 벗어나는 것이 쉽지 않았다.

3. 연구의 의의

왜 교회학교의 이런 고민들은 쉽게 해결되지 않는 것일까? 다양한 원인이 있지만 교회학교를 위한 전문적인 교육이 제대로 이루어지지 않은 것이 주된 원인으로 지목된다. 목회현장에서 교육의 방향을 결정해야 할 교역자들은 신학교육현장에서 교육과목을 한두 과목 이수하는 것으로 나타난다. 교회학교 일선에 나서는 부교역자들 역시 마찬가지이다. 교회학교를 돕는 교회 밖의 다음세대 선교단체들이 있지만, 교회학교와 함께 발맞추어 사역하는 면에서는 어려움이 많다. 교회의 형편에 따라 교사대학을 간헐적으로 열지만 미봉책일 때가 많은 것이 사실이다. 교육현장의 교사들은 맡은 양무리를 목양하는 일을 어떻게 감당할 것인가를 고심하는 것은 어떤 면에서는 당연한 일인지 모른다.

이러한 교회학교 지도 교역자들과 교사들의 고민을 풀어가기 위하여 목양교사훈련원[8]이 세워져 목양교사를 훈련하고 교회학교 현장 사

---

8) 목양교사훈련원은 부산광역시 부산진구 덩김 4동 696-1 소재.

역을 감당하도록 돕고 있다. 훈련원이 세워지고 전국 각지의 1천여 교회가 목양교사를 접하였으며 내, 외부적인 어려움이 있지만 크고 작은 교회들이 교회학교 사역을 힘있게 감당하고 있다.

본 논문을 통하여 주님의 몸 된 교회에 주어진 교육의 사명을 밝히고, 교육의 핵심 주체인 교사에 대한 성경적인 정립을 하고, 구체적으로 교사에게 맡겨진 양무리를 어떻게 목양하는지를 보여 주고자 한다. 그동안 단편적이고 불균형적으로 발전해 온 교회학교의 문제를 해결하고, 교회학교와 교회 부흥을 이루는데 목양교사훈련원에서 실시하는 기도, 전도, 양육, 심방의 총체적, 지속적, 균형적 목양교사훈련이 한 방법을 제공할 수 있다. 또한 목양교사훈련이 교회와 교회학교에 어떤 영향을 주었는지, 목양교사를 접목한 교회의 목회자들과 교사들을 설문조사를 통하여 밝힘으로써 목양교사 사역을 효과적인 교회학교 성장을 위한 새로운 방법 중의 하나로 제시하려 한다.

4. 논문의 연구 질문

본 연구자는 다음의 질문들을 핵심연구 질문들로 삼아서 질문에 대한 결과를 도출하는 연구를 할 것이다.

1. 목양교사의 성경적, 신학적, 역사적 모델은 무엇인가?
2. 교사의 사역과 훈련이 교회학교 활성화에 어떻게 도움이 되는가?
3. 교회학교 활성화의 핵심 방안으로써 목양교사의 사역과 훈련은 어떻게 이루어지는가?

4. 목양교사 사역을 진행하는 교회들의 교회학교 현장은 어떠한가?

5. 주요 용어의 정의

목양교사

본 논문에서 '목양교사'는 평신도이지만 한 반의 양떼를 맡아 목양하는 교사를 말한다. 목양의 은사와 범위는 다르지만 평신도에게도 주어지는 것이다. 목양교사는 평생하는 교사, 목숨거는 교사, 제자삼는 교사이다. 에베소서 4장 11절 "그가 어떤 사람은 사도로, 어떤 사람은 선지자로, 어떤 사람은 복음 전하는 자로, 어떤 사람은 목사와 교사로 삼으셨으니". 헬라어 본문에서 하나의 정관사를 지닌 "목사 겸 교사"라는 구분은 이 두 기능이 한 사람에게 위임되었다는 사실을 알려 주고 있다. 미국과 서구의 교회들에서는 목사(Pastor)가 목양교사이다. 예를들면 미국 캘리포니아에 소재한 그레이스 커뮤니티교회의 존 맥아더 목사는 자신을 목양교사(Pastor-Teacher)라고 소개한다.[9] 존 맥아더 목사의 명함에 '목양교사'라 쓰여 있다. 갈라디아서 6장 6절은 회중 가운데서 말씀을 가르치는 교사로 임명된 사람들이 있었다는 사실을 명백하게 제시해 주고 있다. 예수의 가르치는 사역은 열두 제자에게 위임되었으며, 곧이어 다른 많은 교회 지도자들이 교사로서 활동하였다. 이들 중에는 복음전도자, 목사, 선지자, 감독, 장로 그리고 집

---

9) https://www.gracechurch.org/leader/MacArthur/John? AspxAutoDetectCookieSupport=1

사가 포함되었을 뿐만 아니라 공적 직책을 갖지 않은 많은 그리스도인의 회중 가운데서 교사로서 일하는 훌륭한 사람들이 많이 있었다.10)

교회학교

교회학교는 현대 교회의 교회학교가 발달 특성과 학교화 현상에 따라 세분화되어 과거에 주로 사용하던 '주일학교'가 혼돈을 가져오게 되었다. 본 논문은 '교회학교'를 사용하게 되었다. 한 가지 더 있다면 주일 중심으로 운영되던 과거의 주일학교가 여름 또는 가을 캠프나 성경학교, 방과후 교회 활동, 토요일 교회학교 사역 등 주일이 아닌 평일에 진행되며 반목양은 주일만 아니라 주중에 이루어지기 때문이다. 영혼을 책임 맡은 목양교사의 사역 면에서는 교회학교가 바른 표현이다. 본질적으로 교회의 가르침과 훈련은 주일에만 이루어지는 것이 아니다. 목양교사가 진행하는 기도, 전도, 양육, 심방은 주간 중에도 이루어져야 한다. 그러므로 본 논문에서는 주일학교보다는 교회학교란 용어를 사용한다.

6. 연구의 범위와 한계

이 논문은 첫째, 이론적인 기술을 최소화하고 목양교사의 사역 실제를 다룬다. 둘째, 목양교사 사역을 하고 있는 유초등부 교사로 제한하여 연구한다. 셋째, 목양교사훈련을 받고 전국에서 목양하는 도시, 농

---

10) 김문철, *교회 교육 교사론*(서울: 종로서적, 1989), 21-8.

어촌, 교회의 규모에 상관없이 30개 교회 총 152명의 목회자와 교사를 대상으로 설문조사한 것으로 교회학교 목양현장에서 나타나는 실제적인 문제를 다룬다. 각 교회의 현황이 다양하고 차이가 많으므로 일반화하는 데는 한계가 있다.

7. 논문의 연구 방법

교회학교 부흥을 위한 기존 연구 문헌들을 살펴보되,

첫째, 목양교사훈련원의 훈련에 참여자로 경험한 것과 관찰한 자료들을 분석 연구한다.

둘째, 기존 선행 연구 문헌을 통해 교회학교의 실태를 고찰하고 특히 교사훈련과 사역의 내용이 교회학교 상황과 어떤 연관성이 있는지 검토해 본다.

셋째, 목양교사훈련원에서 훈련 받은 교회의 목회자와 목양교사를 대상으로 설문조사하여 수집된 자료를 분석한다. 설문조사는 교단과 지역을 초월하여 이루어진다. 조사 결과를 토대로 목양교사훈련과 시행을 통한 교회학교 활성화 방안을 모색한다.

8. 요약

제1장은 개요로서 연구 배경, 연구 목적, 연구의 의의, 논문의 연구 질문, 주요 용어의 정의, 연구의 범위와 한계, 논문의 연구 방법에 대

하여 기술하였다. 제2장은 선행문헌 연구와 주요 교단과 어린이 선교단체 및 목양교사훈련원의 교사교육 실태와 목양교사 사역을 자세하게 제시하였다. 그리고 한국에서 목양교사 하는 대표적인 세 교회를 소개한다. 제3장은 성경을 중심으로 교사가 누구인가를 밝힘으로 목양교사의 성경적인 근거를 제시하였다. 제4장은 교회의 역사 속에 교사의 흐름을 기술하였다. 제5장은 목양하는 교회의 목회자와 교사들이 직접 참여한 설문조사를 통하여 목양교사의 어려움이 무엇인가를 밝히고 목양교사가 교회학교와 반목회에 어떤 영향을 주었는지를 제시한다. 제6장은 목양교사를 세우는 구체적인 과정을 기술하였다. 교사의 모집, 훈련과정, 교사 관리, 교회, 교단, 외부 선교단체의 역할, 목양교사 사역을 도입할 때 주의사항까지를 제시하였다. 제7장은 목양교사를 세우기 위한 결론 및 다음 연구자를 위한 제언을 제시하였다.

목양교사 사역의 실제

제2장
•••

목양교사 사역의 실제

1. 선행문헌 연구

　현재 주요 교단과 기독교 **교육연구소**를 중심으로 **교회학교** 활성화를 위한 연구가 활발하게 이루어지고 있다. 교회학교의 양적 성장과 질적 성장을 위해 다양한 각도에서 깊이 고민하며 결과물들을 출간하고 있다. 주요한 교단의 교사교육 커리큘럼을 분석한 연구가 있으며, 교회의 사이즈별 교사교육과정을 분석하고 앞으로의 진로를 모색하는 연구도 있다. 교회학교 교육의 주체인 교사의 역할과 기능에 관한 연구가 다각도로 진행되는 가운데, 교회학교의 한 반을 맡은 교사의 사역을 목회사역 관점(반목회)으로 보는 연구들도 있다.
　이 가운데 한미라는 한국 개신교 교회를 역사적으로 고찰하고, 현재 상황을 분석하여, 교회교육의 전반적인 현황을 보고하였다. 한국 개신교 교육이 1985년과 2004년에 이떻게 변화되었는가를 비교, 분석한다. 현장감을 살리기 위해 초교파 유수한 11개 교회(온누리, 소망, 영락, 창천감리, 광림, 정동, 천안갈릴리, 천호동성결, 신촌성결, 예원성결, 여의도 순복음) 현장을 직접 조사하였다. 교사훈련에 대한 연구에서는 개신교 교사교육이 개교회 중심의 자체교육(교단), 교회학교연합회 주관 세미나와 초교파적인 교육단체가 주관하는 교사강습회 등 삼원화 되어 있다고 밝힌다. 교육의 횟수는 교회 규모에 따라 다소 차이가 있지만 주로 1년에 한두 번, 적게는 3주에서 많게는 17주 정도 교육을 실시하는 것으로 나타났다. 교사훈련의 교육과정은 주로 성경에 관한 교과목, 신학에 관한 교과목, 그리고 기독교 교육에 관한 영역이었다. 일부 교회들에서는 체계적인 교육과정을 갖춘 교사대학을 운영하고 있었지만, 대부분의 교회에서는 체계적인 교육과정 없이 일종의 단기훈련의 성격을 띠고 있다.[11]

박상진은 교회학교 부흥을 위하여 교사교육의 새로운 패러다임을 제시하였다. 본인이 소속된 교단인 대한예수교장로회 통합측 교회의 교회학교 교사교육 실태를 조사하였다. 장로회신학대학교 학생들이 소속된 교회의 교사들에게 설문지를 배포하고 수집하는 방식과 3개 교회(새문안, 영락, 소망)의 사례 연구 그리고 총회 교육자원부의 교사교육을 분석하였다. 그 결과 전통적인 교사교육은 '교사대학'으로 상징되는 '학교형 패러다임' 이라고 밝힌다. 전통적인 교사교육은 지식교육에 치중되는 한계성을 지니는 것을 지적한다. 현재 침체를 겪고 있는 한국 교회 교회학교는 전통적인 교사교육으로는 부흥을 기대하기 어렵

---

11) 한미라, *개신교 교회교육*(서울: 대한기독교서회, 2005), 399-401.

다는 점이다. 교사교육의 대안으로 리더십 모델을 제안한다. 이 모델은 다섯 가지로, 공동체적 교사교육, 양육 중심 교사교육, 소그룹 리더 양성 교사교육, 커뮤니케이션 중심 교사교육, 그리고 실천과 참여의 교사교육이다. 교사들을 역동적인 리더로 세움으로 교회학교를 활성화시키고 영적 부흥을 일으킬 수 있는 에너지의 원천을 제공할 것을 제안한다.12)

조종제는 한국의 대표 교단인 장로교 합동과 통합 그리고 고신측 교단에 속한 노회들의 교사교육 실태와 각 어린이 선교단체들이 시행하고 있는 교사강습 및 교육 그리고 인터넷상으로 실시되고 있는 교사교육 상황을 고찰하였다. 각 노회와 선교단체의 강습회 발간 책자와 각 선교단체의 사이트에 제시한 프로그램을 수집하고 분석하여 현행 교회학교 교사교육은 전반적으로 교사의 사명감과 영성을 깨우고 계발시키는 내용이 미흡하다는 점을 지적한다. 특히 교사강습회는 지나치게 방법 면으로 기울었고, 교사대학은 지나치게 학적이고 이론적인 지식 위주로 치우쳐 있다는 것이다. 그는 실제적인 교사 영성수련회, 특별기도회 등을 통해 학적인 면과 영적인 면을 통합한 교사교육의 모델을 제시한다.13)

양재권은 대한예수교장로회 합동 교단의 교사교육 현황 파악을 위해 설문조사를 실시하여 설문에 응답한 교역자 202명과 교사 125명의 교사교육의 현황에 대한 답변과 총회 교육정책에 대한 인식도를 분석

---

12) 박상진, *교회학교 부흥을 위한 교사교육의 새로운 패러다임*(서울: 예영커뮤니케이션, 2007), 199-201.
13) 조종제, *교사의 영성을 깨워라*(서울: 은혜출판사, 2004), 215-16.

하였다. 본 설문에서는 교사교육의 형태, 교사상, 교사교육의 성격, 교사 양성교육과 교사 계속교육, 교사교육 개선 사항 등을 집중적으로 조사하였다. 총회교육 정책에 대한 원론적인 질문과 함께 총회 주관 교육주제 심포지움 참여도, 주교교사 통신대학 실시 여부, 노회의 강습회 참여 여부, 전국 주일학교에서 실시하는 교사 수양회 참석 여부 등을 설문조사하였다. 진단의 결과 교사들이 공통적으로 바라는 교사교육은 단순한 강의로 이루어지는 교육이 아니라 체계적이면서 신앙 성장과 인격을 함양하는 교육임을 알 수 있다. 이 연구에서도 앞선 연구와 마찬가지로 가장 중요한 요소는 헌신된 교사의 양성이라는 것을 보고한다. 교사 양성과 활성화 방안은 개교회 차원이 아닌 교단 총회 차원에서 집중해야 할 사역이라고 지적한다. 총회는 기능면에서 좀 더 체계적이고 장기적이며 효과적인 교육정책을 수립하여 지교회의 교회학교 성장 발전을 지원해야 한다는 것이다.[14]

이기룡은 교회학교 교사 양성 교육과정을 개발하기 위하여 대한예수교장로회의 주요 세 교단(합동, 통합, 고신)에 속한 교역자와 교사의 설문(박상진의 교회학교 교사교육 개선을 위한 설문조사)을 통해 지난 10년 기간(2004년 박상진, 2010년 이기룡, 2013년 양재권) 동안 교사교육에 관한 인식의 변화를 비교한다. 현재 교단별로 실시되고 있는 교사대학과정의 교육이념 및 목적, 교육과정, 교육방법 등을 분석하고 비교한다. 이를 토대로 교사 양성 교육과정을 개발하기 위해 기독교 교육과정 전

---

14) 양재권, "총회교육정책을 통한 교사교육 활성화 방안 연구(예장합동 교단을 중심으로)" (박사학위논문, 총신대학교 대학원, 2013), 112-13.

문가 5명, 기독교 교육 방법 전문가 5명, 교회교육 전문가 5명, 교회학교 전문교사 5명을 대상으로 설문조사를 실시하였다. 연구 결과, 첫째로, 교회학교 교사 양성 교육과정은 교육목표와 이 과정에 대한 필요를 반영하여 개발되어야 한다는 것이다. 이 과정을 이수한 후에는 전문적으로 교사의 직무를 수행할 수 있도록 교육 내용, 방법, 기간 등을 체계적으로 개발하고 조직해야 한다. 둘째로 교육과정은 교사의 필요를 토대로, 성경이해, 학생이해, 교육방법 및 개인연구 방법 등을 중심으로 수정 보완해서 교사가 전문성을 갖도록 해야 한다. 셋째로, 교사의 실제 역할을 반영한 실습훈련 등과 관련된 교과목을 더 많이 개설하고 참여 및 사례 중심의 수업운영이 필요하다.[15]

2. 교단, 어린이 선교단체의 교사교육 실태

(1) 장로교단의 교사교육 실태

1) 예장 합동 주교교사 통신대학과정

대한예수교장로회 합동 총회의 교사교육은 주교교사 통신대학을 통해 이루어지고 있다. 주교교사 대학은 1978년 총회 결의에 따라 1979년부터 총회교육부가 운영하고 있다. 총회의 유일한 교회학교 교사 양성기관으로써 성경을 총괄한 개혁주의 신앙고백(웨스터민스터 표준서

---

15) 이기룡, "교회학교 교사교육 비교 분석 및 교사 양성 교육과정 개발(대한예수교장로회 주요 세 교단을 중심으로)," (박사학위논문, 고신대학교 대학원, 2015), 140.

들)을 따라서 살아가는 그리스도인을 양육하는 것이 교육이념이다. 교육이념에 따른 교육목적은 세 가지이다. 첫째, 삼위일체 하나님을 믿고 사랑하며 섬기게 한다. 둘째, 잃어버린 하나님의 형상을 회복케 하므로 이웃을 사랑하며 평화와 정의사회를 실현케 한다. 셋째, 자기의 사명을 자각하여 맡은 일에 충성하게 한다. 이러한 그리스도인을 양육하여 궁극적으로 하나님께 영광을 돌리게 한다. 주교교사 통신대학은 제91회 총회의 청원에 따라 준교사 양성교육과정, 정교사 양성교육과정, 교사 리더십 양성과정으로 개편되어 진행하고 있다. 교육방법은 교육목적과 목표에 따라 집필된 교과서 독서를 중점으로 학습한다. 학습방법은 자학자습, 1년 1회 수련회와 인터넷과 전화를 통한 질의응답 등으로 이루어진다. 각 과정에 등록된 사람은 문제집을 작성하여 제출하여야 하며, 전 과목 60점을 넘겨야 수료할 수 있도록 하고 있다.[16]

합동측의 교사통신대학과정은 교사들이 현실적으로 부딪히는 반 운영관리나 반 부흥전략 또는 교사들의 영성보다는 교사들의 자질 향상과 이론교육에 많은 비중을 두고 있음을 본다. 물론 매년 실시하는 수련회를 통하여 교사들의 사명감 고취와 영성을 다루지만 이론교육과 더불어 교사들이 현장에서 부딪히는 실제적인 지도를 위한 교육프로그램이 첨가되어야 한다.

---

16) 예장 합동 주교교사 통신대학과정 자료는 합동 총회 교육진흥원 홈페이지를 참조하였다(http://www.gapck.org/education/sub03_01.asp).

[표1] 예장 합동측 주교교사 통신대학 교육과정

1과정	2과정	3과정
준교사 양성교육과정	정교사 양성교육과정	교사 리더십 양성과정
기독교 교육학 개론	기독교 가정교육	청지기론(신학총서)
기독교 교육방법	장로교 기본 교리(신학총서)	제자훈련의 이론과 실제
교사론	유아교육	기독교 교육 행정
기독교 심리학	기독교 교육상담	기독교 교육과 윤리
기독교 교육사	기독교 어린이교육	신앙교육의 증인들
신약개론(신학총서)	교수 매체 이론과 방법	주일학교 전도와 양육
예배와 교육	청소년 교육	기독교 교육과 음악
구약개론(신학총서)	기독교 교회사(신학총서)	성경교수법
기독교 교육철학	기독교 교육과정	성경학교 교론론

2) 예장 통합 교사대학과정

대한예수교장로회 통합 총회는 1984년 총회교육부 내에 '교육원'을 설치하고 교사대학 1, 2, 3단계 프로그램을 운영하고 있다. 개교회에서 교사대학을 운영하도록 세미나(2박 3일 강의 및 워크숍)를 제공한다. 지도자가 이 세미나를 이수하면 노회 또는 각 교회에서 자체적으로 세미나를 개최하여 교사들을 훈련시킨다. 예장 통합 교단의 교회교육 목적은 모든 세대들에게 하나님의 은혜로 예수 그리스도를 통해 이룩하셨고, 성령을 통해 지금도 계속 이루시는 구원의 복음을 신앙공동체 안에서 깨달아 알고, 하나님의 말씀과 복음의 빛 안에서 가정과 교회,

이웃, 사회, 자연 및 세계와 바른 관계를 이루어서, 예배와 선교의 사명을 지닌 하나님의 백성으로서 삶 속에서 하나님 나라와 그 의를 위해 헌신하도록 양육하고 훈련하는 것이다.

[표 2] 통합 총회교육부 교사대학 교육과정

1단계	2단계	3단계(영성대학)
기독교 교육이란 무엇인가	기독교 교육행정	콜링타임 : 아름다운 여행으로의 초대
우리는 무엇을 믿는가	교사와 학생(II)	교사! 가르침과 배움의 영성훈련
성경이란 무엇인가	교사의 영성	교사! 사명과 섬김의 사람
교회란 무엇인가	교사의 지도력	자기를 찾아 떠나는 교사 : 영성여행
예배란 무엇인가	창의적 성서공부	비전을 찾아 떠나는 교사 : 영성여행
교사와 학생(I)	다양한 교수학습법	다음세대를 세우는 교사 : 영성여행
교수-학습지도란 무엇인가	부서 운영의 실제 (아동부, 청소년부)	파송의 노래 : 아름다운 여행을 마치고 파송
GPL 공과란 무엇인가	교사와 상담	
반목회란 무엇인가	전도 어떻게 할 것인가	
만남과 대화의 실제	공동체의 이해와 훈련	

통합의 교사교육 내용을 분석해 보면 다방면에서 폭넓게 교사들의 자질 향상과 지적인 면과 실제적인 면을 다루고 있음을 볼 수 있다. 통합측 교사대학의 특징은 지도자 세미나를 수료한 교역자가 개교회에서 직접 가르칠 수 있는 것이다. 뿐만 아니라 선행적으로 학습받은 교

사가, 다른 교사와 함께 토론하며 학습 지도 중심으로 교사교육이 짜여 있다. 각 과목마다 목표와 초점을 분명하게 제시하고 참고서적들을 제시함으로 깊이 있게 학습하도록 하였다. 다른 교과목과의 관계를 밝히므로 학습의 연계성과 통합성을 높였다. 교사대학과정을 이수한 교사를 위해 교사영성대학을 신설하여 교회학교 교사의 자질과 영성의 균형을 이룬다. 교사영성대학은 총 다섯 개의 강의와 워크숍으로 구성되어 있다. 통합 교단의 교육과정 역시 실제적인 면보다는 이론 중심의 강좌가 많음을 알 수 있다. 이는 교사들의 지식을 향상하는 데는 도움이 되겠으나 현장감이 떨어진다는 지적을 받는다.

3) 예장 고신 총회교사대학과정

총회교사대학은 예장 고신 총회의 주일학교 교사 양성기관으로 1986년 3월 '주일학교 교사통신대학'으로 출발하였다. 예장 고신의 교육이념은 '개혁주의 정신에 입각하여 웨스트민스터 표준서들(신앙고백서, 대소요리 문답, 교회정치 및 예배모범)을 따라 하나님을 사랑하고 이웃을 사랑하는 그리스도인을 양성한다' 이다.

교육이념에 맞춘 교육목적은 세 가지이다. 첫째, 성경을 가르켜 : 삼위일체 하나님을 바로 알고, 사랑하며, 섬기게 한다. 둘째, 하나님의 형상을 이해하고, 사랑하며, 돕고 그들에게 그리스도를 전한다. 셋째, 자기의 존재 의의와 특수한 사명을 자각하여 자기의 맡은 자리에서 맡은 일에 충성한다. 이러한 그리스도인을 양성하여 신앙의 정통과 생활의 순결을 겸비케 한다. 총회교사대학은 1986년 3월에 첫 교재를 간행

하고 지금까지 3차례의 교육과정에 변화가 있었다.[17]

[표 3] 고신 교사 통신대학 커리큘럼

학년	학기	전공(이론과 통신과목)	선택(실제 및 특강과목)
1	1	신약개설	교사의 경건 훈련
		교사론	제자 양육
		교육심리	수업연구
		학습 지도	한국교회사
	2	구약개론	어린이 특별활동
		교회교육론	동화구연
		성경연구법	창작활동
		생활 지도	교회교육과 신앙공동체 교육
2	1	기독교교리	교단 교육이념과 목적해설
		어린이 예배	시청각 교육
		학급 운영	계절학교 운영
		교회음악	교회교육과 교리교육
	2	교회사	기독교교육사
		어린이 전도, 양육	레크리에이션
		주일학교 교육활동	영성훈련
		주교행정	교회교육과정

---

17) 예장 고신 교사대학과정에 관한 자료는 대한예수교장로회 고신 총회의 홈페이지를 참조하였다(http://www.kosin.org).

고신 교단의 교사교육 커리큘럼은 교사들에게 필요한 핵심적인 과목을 중심으로 비교적 잘 구성되었다. 그러나 통신교육의 단점으로는 교사의 사명감을 깨우는 내용이나 영상교육이나 사역의 실제가 미약하며 이론에 치우치는 면이 강하다고 볼 수 있다. 매학기 2일간의 출석교육시 이 내용을 보완한다면 좋은 프로그램이라 보여진다.

(2) 어린이 선교단체들의 교사교육 실태

1) 한국어린이교육선교회의 교사교육 실태

한국어린이교육선교회는 "마땅히 행할 길을 아이에게 가르치라 그리하면 늙어도 그 길을 떠나지 아니하리라"(잠 22:6)는 말씀에 입각하여 하나님 없는 무신교육과 황금 제일이라는 물질 우상으로 말미암아 죽어가는 700만의 한국에 어린 영혼을 주께로 이끌기 위한 전도사업을 주요 목적으로 삼고 모인 선교단체이다. 현재 서울에 본부를 두고 국내에 18개 지회와 해외에 인도를 비롯 몇 개의 지부를 두고 있다. "주일학교를 살립시다"란 표어 아래 어린이 전문 사역자 및 교육담당 교역자 세미나를 통해 교사교육을 실시하고 있다.[18]

어린이교육선교회가 실시하는 교육과정을 보면 지식적이고 이론적인 교육이 아니라 주일학교 현장에서 직접 부딪히는 전도, 학습 지도, 예배, 특별 프로그램, 시청각 활용, 율동찬송 지도, 제자훈련, 영성 지

---

18) 한국어린이교육선교회 교사교육 자료는 한국어린이교육선교회 홈페이지를 참조하였다(www.kcem.or.kr/education).

도, 상담 등 실제적인 내용을 교육하고 있다. 이는 현장에서 바로 활용하기는 좋으나 교사가 기본적으로 갖추어야 할 성경지식과 교사의 자질을 향상시키는 학적인 내용들이 빈약하다.

[표 4] 한국어린이교육선교회 전문지도자과정

주	과정(봄학기) 3월	과정(가을학기) 9월
1	개강예배	개강예배
2	교사의 사명	성경 체험학습
3	아동 심리	협동학습
4	어린이 전도법	분반공과 지도
5	어린이 전도 실제	예배 지도
6	어린이 영성훈련	제자훈련 1
7	어린이 신앙 상담	제자훈련 2
8	어린이 생활 지도	주일학교 성장학
9	시청각 활용	어린이 설교법
10	찬양율동 지도	어린이 교육
11	창조과학 지도	52주 특별 프로그램
12	사례 발표 및 종강예배	주일학교 행정

2) 세계어린이선교신학교의 교사교육 실태

세계어린이선교신학은 인천시 남동구 만수동에 자리잡고 있다. 세계어린이선교신학은 한국 교회와 민족과 전 세계의 미래를 책임질 어린이를 하나님의 말씀으로 양육하는 매우 중요한 일로 온 세계 교회와 부모들이 현 시대에 가장 절실히 필요로 하는 사역이다. 국내 어린이 선교원 연합회가 조직되어 경인, 영남, 충청, 호남 지회 등을 운영하고 있다. 선교원 연합회 회원 이행 수칙에 연합회가 제공하는 선교원 교재를 사용해야 하고, 연합회가 실시하는 교사교육에 교사를 선발하여 교육을 받도록 해야 하며 매년 실시되는 교사 정기 보수교육을 받아야 한다고 명시하였다. 매년마다 신년교사 전문강습회를 실시한다.

세계어린이선교신학의 강습내용을 보면 유대인의 자녀교육 4시간, 지역 조직화 프로그램의 운영 방법 및 실제, 주일학교 전도전략, 영어 찬양율동, 그 외에 어린이 이해, 교사영성, 주교 운영관리, 어린이 신앙훈련 실제, 주일학교 심방, 주일학교 반관리 등 총 20과목에 28시간

[표 5] 세계어린이선교신학교 신년 교사강습 프로그램

교시	첫째 날	둘째 날	셋째 날	넷째 날
1교시	새 노래 율동			
	주일학교 찬양율동		풍선아트 종이접기	풍선과 종이접기를 통한 전도
	주일학교 전도전략	주일학교 심방전략	영어 찬양율동	영어 찬양율동
	어린이 이해와 지도 실제	성극 촌극 드라마 지도법	오후 특별 프로그램 실제	특별활동 프로그램 실제
2교시	지역조직화 프로그램의 운영 방법 실제		유대인의 자녀교육	
	교사의 영성 교육	유치부 학습 활동 프로그램의 실제		
3교시	주일학교 운영 관리 실제	주교교육 및 반관리		
	신앙훈련의 실제	성극팀 운영 관리법		

으로 구성되어 있다. 본 강습회의 특징은 유대인의 자녀교육법에 두고 있으며, 주일학교의 실제 면을 강조하고 있음을 보게 된다.

3) 어린이전도협회의 교사교육 실태

서울 송파구 문정동에 자리잡고 있는 한국어린이전도협회는 1956년 랜시 포드 여사에 의해 소개되어 1959년 "이 땅의 어린이를 예수께로"라는 표어 아래 잃어져 있는 어린이들에게 복음을 전하여 교회로 인도하는 사역을 전문으로 하고 있는 선교단체이다. 현재 서울에 본부를 두고 39개의 지회를 조직하여 어린이 전도와 선교사역을 하고 있다. 어린이전도협회의 비전은 한해 100만 명의 어린이를 전도하기 위해 700명의 사역자를 양성하며 70개 지회를 설립하고 70명의 선교사를 파송하는 것이다. 어린이전도협회는 매년마다 절기(신년, 부활, 추수, 성탄) 교사강습, 그리고 교사대학 1, 2단계와 지도자대학 1, 2과정, 슈퍼세미나 등을 통해 교사교육을 실시하고 있다. 그 외 새소식반 교사강습회를 봄, 가을로 매주 본부와 각 지부에서 실시한다. 한국어린이전도협회 사이트 교사교육과정에 소개된 내용은 아래와 같다.[19] TCE(Teaching Children Effectively)는 어린이를 전도하고 가르치는데 신선한 접근을 하기 위해 설계된 교육과정이다.

2단계 총 60시간으로 교육 내용이 다른 기관과는 차별화되어 있다. 즉 50% 이상이 어린이 전도에 초점이 맞추어져 있는데, 어린이전도협회의 취지를 그대로 살리고 있는 것으로 볼 수 있다. 그러나 어린이전

---

[19] 어린이전도협회 교사교육 자료는 한국어린이전도협회 홈페이지를 참조하였다 (www.cefkorea.org).

[표 6] TCE 1, 2단계

TCE 1단계	TCE 2단계
신약성경의 어린이, 회심의 중요성	영적발달의 기본적인 개념
어린이를 그리스도께 인도하는 방법	어린이의 기본적인 필요
새로 회심한 어린이를 격려	죄의 고백, 구원 메시지
성경공과 준비와 제시	경건의 생활, 성경본문연구
구원초청, 구원상담	어린이의 신이해 개발, 성경이야기 요소
이웃 어린이 전도의 중요성, 조직, 프로그램	하나님의 증인되기, 공과준비와 교수법
교사 중요성, 훈육, 시각적 의사전달	선교교육, 기독교인의 품행
성경암송, 음악 지도, 어린이 기도 지도 등	시각자료, 공과 가르치는 단계
16과목, 총 30시간, 1시간은 45-50분	총 20과목

[표 7] 슈퍼세미나

과	1단계 전도	2단계 성장	3단계 제자훈련
1	왜 어린이를 전도하나	지교회 어린이 사역	취학 전 어린이
2	구원의 메시지	학급운영하기	성숙 위한 기본단계
3	삶에 영향 주는 교사	어린이 세계 발견	성경말씀 통한 성장
4	공과 1	가르치기 위한 마음 준비	산제사(헌신)
5	공과 2	요절암송	그리스도 통한 승리
6	구원초청	새 노래 부르기	전도훈련
7	구원상담	선교	하나님의 인도
8	어린이 이해	기도를 배우라	어린이 교리교육
9	시각화냐 화석화냐	복습게임	

도협회의 교사교육은 어린이 전도자로 교사를 양육하는 데는 매우 체계적이고 잘 짜여 있으나 기존 교회에서 한 반을 목양교사하도록 하는 면에서는 미약한 점도 있음을 보게 된다.

(3) 목양교사훈련원의 교사교육 실태

1) 목양교사훈련원

(가) 목양교사훈련원 소개[20]

목양교사훈련원은 예수님의 대사명(마 28:18-20, 모든 족속을 전도하여 제자삼으라)과 대헌장(요 21:15-17, 내 양을 돌보라)을 동시에 이루는 것이 비전이다. 전도하고 제자삼아야 할 대상은 장년 세대와 다음세대의 구분이 없다. 모세의 인도로 광야생활을 하던 이스라엘 백성들을 하나님이 인도하는 방법은 장년 세대가 다음세대를 통해 하나님의 백성(Laos)의 삶을 훈련 받는 것이다. 마찬가지로 청장년 세대는 다음세대를 기도, 전도, 양육, 심방하는 목양교사 역할을 감당할 때 목자장이신 주님의 마음을 알게 된다.

목양교사훈련원의 핵심에는 다음세대(어린이)가 있다. 어린이는 중, 고와 청년 그리고 부모 세대로 사역이 펼쳐지며 전 세대(전 교인) 교사화를 통해 목양제자로 세우는데 있다. 반드시 목양하는 교사가 목양제자가 된다. 목양교사는 하루 한 시간 기도, 일주일 한 시간 전도, 일주

---

20) 목양교사훈련원 자료는 목양교사훈련원 홈페이지를 참조하였다(www.mytc.co.kr).

일 한 명 양육, 주간 중 재적생 모두를 심방하는 것이다. 목양교사 사역은 단순히 어린이 사역이 아니다. 교회 안에 전체 성도, 전체 세대를 함께 주님의 제자로 세우는 사역이다.

목양교사훈련원은 사역 형식에 있어서 무학년 제도와 통합예배를 지원한다. 무학년제는 목양의 정신에 맞는 것이다. 목양은 평생하는 것이다. 그러려면 내가 전도한 사람은 내가 양육하고 제자삼아야 한다. 무학년제는 동시에 개척창설반제, 무정원제(보조교사 배정), 고정담임제, 평생 임기제, 학년 통합반이 될 수밖에 없다. 무학년 제도는 목양의 정신을 교사뿐만 아니라 학생들도 실천할 수 있도록 교육 현장을 편성하는 것이다. 나이나 학년에 따라 반을 편성하는 기존의 방식과는 달리 고학년에서 저학년까지 한 반에 속하여 성숙한 학생이 어린 학생들을 돌보며 양육하도록 하여 교육적인 효과를 높이고 세대 통합을 이루며 전도의 효과를 높이는 데 있다.

통합예배는 모든 세대가 함께 찬양하고 예배드리며 이루어 가는 것이다. 목양교사 운동을 교회 안에서 하게 되면 통합예배는 자연적으로 이루어진다. 사람을 전도하여 양육하고 제자삼는 것이 목양이다. 목양은 목회자만 아니라 모든 성도가 목양해야 한다. 목양은 노년과 청장년, 학생과 어린이까지 모두가 해야 한다. 모든 세대가 목양교사를 하므로 비전이 하나가 되고 목양의 영성으로 하나된 결과가 자연스럽게 통합을 가능하게 만든다. 요엘 2장 28절에 따르면 통합예배는 하나님의 명령이요 동시에 하나님의 뜻이다.[21]

---

[21] 한성택, 『하나님이 꿈꾸는 세네산 통합비선』(부산: 목양교사훈련원, 2007), 44-9.

(나) 목양교사의 기도 7계명[22]

기도는 첫째, 목양사역에 능력이다. 기도할 때 주님이 일을 시행하시고 능력이 나타난다(요 14:14). 목양교사에게 능력이 나타나야 하는데 기도한 만큼 능력이 나타난다. 하루에 최소 1시간 기도해야 사역에 능력이 나타난다.

둘째, 목양사역의 안식이다. 기도할 때 안식이 가능하다. 예수님은 하루의 시작을 기도로 문을 열었다. 그 전날 피곤하게 많은 일을 하셨지만 새벽기도를 통해서 참된 안식을 누리셨다(막 1:35).

셋째, 자기 신앙관리에 지름길이다. 자신의 신앙관리를 잘하려면 기도해야 한다(벧전 4:7, 마 26:41).

넷째, 영적전쟁에 핵폭탄이다. 에베소서 6장 18절에 영적전쟁에 모든 기도와 간구로 하라 했다. 기도는 연합해야 한다. 두세 사람이 주님의 이름으로 함께 구하면 내가 이루어주겠다고 하셨다. 핵폭탄은 연합할 때 그 위력이 커진다.

다섯째, 교회 부흥의 시작이다. 목양교사들이 기도해야 내 반의 부흥이 시작된다. 기도부흥이 다른 부흥의 시작이다.

여섯째, 믿음으로 기도하라. 믿는 사람은 예수님이 하신 일을 하고 이 보다 더 큰 일도 한다(요 14:12). 너희가 기도할 때 무엇이든 믿고 구한 것은 다 받게 된다(마 21:22).

일곱째, 시간을 정해 놓고 기도하라. 새벽기도, 정시기도, 철야기도

---

[22] 한성택, *기도 전도 양육 심방, 목양이야기* (부산: e뉴스한국, 2014), 13-54.

등 시간을 정해 놓고 기도해야 한다(막 1:35, 행 3:1, 단 6:10).

(다) 목양교사의 전도 7계명[23]

첫째, 전도에 미쳐라. 전도에 미쳐야 목양교사를 잘할 수 있다. 다른 것보다 전도에 미쳐야 한다. 미치지 않고는 환경을 뛰어넘을 수가 없다.

둘째, 전도가 하나님의 소원임을 알라. 오늘 하나님의 소원은 전도다. 한 명도 멸망치 않고 구원 받는 것이다. 하나님은 모든 사람이 구원 받기를 원하신다(딤전 2:4). 모든 사람 속에는 어린이, 어른 모두 다 들어 있다.

셋째, 내가 사는 목적이 전도임을 고백하라. 이제는 사는 목적 자체가 전도가 되어야 한다. 목양교사는 영혼구원하는 사람이다. 우리는 어린 영혼, 학생들을 전도할 교사이다. 목양교사는 전도 전문가이다(마 4:19).

넷째, 전도는 성령의 능력으로만 가능하다. 전도는 영적전쟁이기 때문이다. 성령이 임해야 증인이 된다(행 1:8). 성령의 인도로 선교와 전도의 역사가 시작되었다(행 13:1-3). 전도는 어른이든 어린이든 능력 전도해야 한다.

다섯째, 전도는 지속성이 중요하다. 어른이든 어린이든 전도는 날마다, 쉬지 않는 지속성이 중요하다. 목양교사는 1주일에 한 번이라도 꾸준히 전도해야 한다.

---

23) Ibid., 55-104.

여섯째, 때가 된 사람은 예수님을 믿는다. 예수 믿은 그때가 가장 좋은 때이다. 하나님의 예정 안에 정하신 때가 있다(갈 6:9). 전도는 하나님의 일이다. 우리를 통한 하나님의 일이 전도이다.

일곱째, 옥토에 전도하라. 옥토인 다음세대 전도를 꾸준히 하는 교회학교는 최소한 10배는 부흥한다. 전도 열매가 많은 곳은 교회학교이다. 옥토라 믿는 그곳에 전도해야 한다.

(라) 목양교사의 양육 7계명[24]

첫째, 양육은 하나님의 최초 명령이다(창 1:28). 부모가 자식에게 해야 될 역할 중에 가장 중요한 역할은 양육이다. 다음세대(어린이, 청소년, 청년)는 양육하는 대로 자란다. 목양교사 운동하는 교회 아이들은 큰 관심과 사랑을 받는다.

둘째, 양육은 예수님의 마지막 명령이다(마 28:18-20). 가서 모든 족속으로 가르쳐 지키게 하라. 모든 족속 중에 다음세대가 있다. 교회가 다음세대 양육을 안 하면 하나님의 심판이 임한다. 오늘, 다음세대를 양육하고 제자삼아야 한다.

셋째, 훈련 받지 않고는 온전히 성장하지 않는다. 양육을 통해 성장한다. 다음세대도 영혼이 자라야 한다. 그러므로 양육하지 않고는 성장이 되지 않는다. 전 교인이 다음세대를 양육해야 한다. 1:1 맞춤식 양육을 해야 한다.

---

24) Ibid., 105-56.

넷째, 양육은 한 명에게 먼저 집중하라. 한 명씩 양육해야 한다. 양육을 하되 한 사람의 위대함을 알아야 한다. 지금 양육하는 한 명은 한 나라로 보는 눈이 있어야 한다. 이들 뒤에는 평생에 만날 수백만, 수천만이 있다. 목양교사는 한 명에게 내 인생의 승부수를 던진다.

다섯째, 오직 말씀과 기도로 양육하라. 오직 말씀이다. 목양교사는 강단말씀, 요절암송이 핵심이다. 그리고 기도가 양육의 또 다른 기둥이다.

여섯째, 리더로 양육하라. 목양리더를 양육시켜야 한다. 목양리더는 전도하고 제자삼는 사람이다. 동시에 목사님 목양에 목숨 거는 동역자다.

일곱째, 목숨 걸고 양육하라. 목숨을 걸고 양육해야 사람이 변화한다. 4주 일대일 양육을 목숨 걸고 해야 양육받은 그 아이들이 바뀐다. 예수님은 양을 위하여 목숨을 버린다(요 10:11).

(마) 목양교사의 심방 7계명[25]

첫째, 심방은 삼위일체 하나님의 마음이다. 하나님, 예수님, 성령님이 심방오셨다. 다음세대를 찾아가는 사역을 해야 한다. 심방은 하나님 아버지의 마음으로 사역하는 것이다.

둘째, 심방은 아버지의 마음을 얻는 지름길이다. 심방하면 교사의 눈으로 보는 게 아니라 주님의 눈이 들어와 그 아이를 보기 시

---
[25] 한성택, op. cit., 157-95.

작한다. 심방하면 낮아지는 겸손한 아버지의 마음이 생긴다. 아버지의 마음을 얻는 지름길이 심방이다.

셋째, 심방은 목자의 핵심사역이다. 목자는 네 양떼의 형편을 부지런히 살피며 네 소떼에 마음을 두는 사람이다(잠 27:23). 심방해야 양떼의 형편을 알 수 있다.

넷째, 심방은 강한 영적전쟁이다. 심방하면 마귀에게 눌린 현장을 본다. 마땅히 목양교사를 해야 할 당위성을 깨닫게 된다.

다섯째, 심방은 가족 복음화의 지름길이다. 예수님은 삭개오의 집을 찾아가서 구원사역을 이루셨다(눅 19:9). 심방가면 부모에게 전도할 기회가 생겨진다. 토요일 심방갈 때 부모 전도하러 간다 생각해야 한다. 심방을 부지런히 해야 전도 문이 많이 열리게 된다.

여섯째, 심방은 사람을 세워야 한다. 성경에 보면 심방한 곳에 한결같이 사람이 세워졌다(행 15:41, 왕상 19:1-21). 심방 가는 목적이 하나님의 사람을 세우는 목적으로 해야 한다.

일곱째, 심방은 꾸준하게 하여야 한다. 우는 사자같이 사단이 삼킬 자를 두루 찾기에 꾸준하게 심방 가야 한다. 한 아이의 집을 1년 최소한 52번은 가야 한다.

2) 목양교사 양성과정 소개

제자반과정 중 1회는 목양 컨퍼런스 참석이 필수적이고, 사역자반 훈련 중에는 목양 집중훈련 참석을 해야 수료가 가능하다.

(가) 목양교사 컨퍼런스

[표 8] 목양 컨퍼런스

구분	강의 내용
1	다음세대를 살려야 하는 이유
2	목양교사가 부흥의 대안이다
3	목양의 기름 부음과 축복
4	다음세대 부흥 시스템
5	일대일 양육을 통한 제자 만들기
6	성령의 기름 부으심과 다음세대 부흥
	목양교사 컨퍼런스는 2일 동안 진행한다.

(나) 목양교사 집중훈련

[표 9] 목양교사 집중훈련

구분	강의 내용
1	겟세마네 기도회 체험
2	매일 매일의 전도현장 체험
3	일대일 양육 체험(교재 활용)
4	제자 만들기 교재(자료) 활용법
5	심방(양육) 체험(강단 메시지)
6	목양 영성 기름 부으심 집회
7	교회 규모에 따라 목양사역 전환방법 제시
8	목양제자(교사) 사역 간증
	목양교사 집중훈련은 2박 3일 동안 합숙하며 진행한다.

(다) 목양교사 교사대학

[표 10] 목양 교사대학 교육과정

과정	단계별	내용	과정	단계별	내용
새가족반 5주	새가족학교 5주	나를 바로 알자	제자반 25주	목양 교회론 4주	교회란 무엇인가
		예수님을 바로 알자			교회의 권세
		교회를 바로 알면 복 받는다			영적전투하는 교회
		목사님을 알면 복 받는다			건강한 목양 교회
		목양하면 복 받는다	사역자반 25주	삶의 목적 발견 4주	삶의 목적과 방향 / 창조 명령/삶의 목적
제자반 25주	새로운 생활 4주	하나님을 만나는 길			예수님 유언과 목적 / 목양의 목적
		예수님을 왜 믿어야 하나요			
		예수님의 제자 되자			하나님의 한 시대적 시급한 사명
		나는 선생님을 돕는 도우미			목양교사는 내가 사는 목적이다
	목양학교 16주	기도 4과	천국열쇠		목양 교사 축복 4주	영적인 축복 (1)
			기도와 영적전쟁			영적인 축복 (2)
			응답 받는 기도			마음의 축복
			목양기도			범사의 축복
		전도 4과	지상명령		성장 생활 8주	예배, 봉사, 헌금, 성령충만
			예수님은 누구신가			순종, 전도, 희망을 주는 기도 생활
			목양전도		목양 리더 학교 10주	하나님이 나를 만드신 목적
			목양제자와 전도			나는 누구인가
		양육 4과	양육은 하나님의 명령			목양제자
			양육과 다음세대			목사님은 누구인가
			리더로 양육하라			교회를 바로 알자
			한 사람의 위대한 목양제자			영적전쟁
		심방 4과	심방과 하나님			부르짖는 기도 영성
			목양심방			능력 있는 전도자
			심방의 축복			최고의 리더
			목양심방의 방법			세계적인 리더가 되는 길

3) 목양교사 세 날개 양육과정

[표 11] 목양 세 날개 양육학교

교재	과제목	교재	과제목
새가족학교	당신은 사랑 받기 위해 태어난 사람	양육자학교	양육은 하나님 명령
	목사님은 누구신가		양육자의 자세
	교회란 어떤 곳인가		세 날개 양육자
전도학교	당신은 행복합니까	목양장로학교	삶의 목적이 무엇인가
	당신은 전도해야 합니다		목양장로란 무엇인가
	예수님의 전도 방법		목양장로의 축복
영적전쟁학교	영적전쟁과 기도	구원학교	왜 인간은 행복이 없는가
	영적전쟁과 말씀		구원의 확신을 가집시다
	영적전쟁과 찬양		예수님은 누구신가
말씀학교	성경을 바로알자	실버학교	하나님이 쓰신 사람
	말씀을 사랑하자		디모데를 양육한 외할머니
	말씀은 능력입니다		행복한 노년을 보내자
자녀학교	전도의 날개	교사학교	평생하는 교사
	공부의 날개		목숨 거는 교사
	성품의 날개		제자 삼는 교사
결혼학교	결혼과 사명	치유학교	영적치유를 받자
	결혼과 현실		생활의 치유를 받자
	결혼과 자녀		육신의 치유를 받자
경제학교	경제축복을 받은 요셉	기도학교	기도는 기적을 일으킵니다
	거부가 된 이삭		어떻게 기도하면 좋을까요
	경제축복과 선악과		성숙한 기도자가 됩시다
부모학교	부부란 무엇인가	셀장학교	당신도 위대한 셀장이다
	자녀란 무엇인가		하나님의 창조 명령
	세대간 통합 가정		전도하여 목양 개척

교재	과제목	교재	과제목
제직학교	건강한 교회와 제직	선교학교	예수님은 선교사셨다
	목양하는 제직		선교후원자 부부
	명가를 만드는 제직		요나의 선교
예배학교	가정예배를 드리자	관계회복 학교	하나님과 관계회복
	새벽예배를 드리자		자신, 리더, 가족
	통합예배를 드리자		생업과 관계회복

    목양훈련원은 부산 예환꿈교회에서 세운 단체이므로 교단 교육부가 가지고 있지 못한 실제적인 면을 많이 강조한다. 목양교사의 현장사역에 필요한 부분에 도움을 주는 강점이 있다. 목양훈련원을 통한 목양교사 세우기 과정이 있는가 하면 개교회가 이루어 나가는 교사대학과정도 있다. 세 날개 양육과정은 평신도들의 필요에 따라 선택적으로 운영이 가능하다. 목양훈련원은 여름과 겨울에 목양수련회를 개최하여 영성을 함양하고 사명감을 고취시키고 있다. 목양교사로 사역하면서 침체에 빠지지 않도록 관계회복 학교를 두고 있다. 목양훈련원은 목양교사 사역의 강점이 있지만 교단에서 진행하는 교사의 기본적인 자질을 세우기 위해 성경 개론, 핵심 교리, 기독교 교육, 다음세대 이해 등을 보완할 필요가 있다. 훈련 기간은 약 2년 반에서 3년 동안 진행한다. 이는 "사도전승"[26]에서 제시하듯이 선발 기준에 따라 예비자로 등록된 사람은 원칙적으로 3년간의 교리교육을 받게 되는데, 목양훈련원의 전 교육과정은 이에 합치한다.

---

[26] 히뽈리뚜스, 사도전승, 이형우 역(서울: 분도출판사, 1992), 49-50.

(4) 목양교사 사역하는 교회

1) 부산 서부교회

부산시 서구 동대신동 1가 381번의 1번지 예수교 장로회 한국 총공회 서부교회는 만 12세 이하의 어린이 재적 숫자가 3만 2천여 명으로 전체 교인 숫자의 약 80퍼센트가 어린이들인 만큼 이 교회는 어린이 신자들의 왕국이라고도 말할 수 있다.

〈마당지〉 1983년 3월호에는 "재적 어린이 3만 2천" 제목으로 부산 서부교회를 소개하였다. 1982년 12월 25일 서부교회에는 1만 1천 3백 명의 어린이들이 일시에 몰려들었다가 일시에 흩어지는 진풍경이 연출되었다. 1년 전 1981년 성탄일엔 이보다 더 많은 1만 3천여 명의 어린이들이 한꺼번에 이 교회에서 예배를 드렸다. 많은 어린이가 모이는 것은 성탄일만 아니라 매주일 아침 8시 30분에 열리는 주일학교에는 평균 7천 5백 명의 어린이들이 출석하고 있다. 봄, 가을철에는 평균 8천-9천 명이 몰려든다. 해마다 어린이 숫자가 3천-4천 명씩 늘어나고 있어 세계 최대의 어린이 교회임을 자랑하고 있다.[27]

부산 서부교회의 성장 요인은 무엇인지 살펴보자.

(가) 담임목회자의 비전과 목회관

서부교회가 세계 제일의 어린이 교회로 성장한 데는 담임목회자의

---

27) 백영희 목회연구소 편, 새로운 주일학교 운영의 실제(서울: 기독지혜사, 1992), 67-71. 백영희 목사의 유고로 서영호 목사가 시무하고 있지만, 여전히 1,000여 명의 아동이 출석하고 있다.

비전과 목회관의 뒷받침이 있었다. 교회의 설교, 사무, 인적 구성까지 주일학교를 중심으로 하였다. 백목사는 아직 세속에 때묻지 않은 어린이 때부터 신앙심을 심어줌으로써 진정한 하나님의 자녀가 되게 한다는 의미에서 주일학교의 어린이들을 늘리는데 주력해 왔다.

(나) 통합반 운영

서부교회는 어린이들을 학년별로 구분하지 않고 코흘리개부터 초등학교 6학년까지 한 반에 통합시켜 두고 있다.[28] 대부분의 일반교회에서는 남녀별, 학년별로 반을 편성하고 거기에 따라 교사를 임명한다. 교사가 직접 전도하고 심방하지 않아도 상관이 없다. 제시간에 출석하는 학생들을 가르치기만 하면 되기 때문이다. 전도를 해도 자기가 맡은 학년, 혹은 남녀 학생이 아니면 자기 반이 되지 않는다. 그렇다고 자기가 맡은 학년 또는 남녀 학생만을 골라서 전도하는 것도 어렵다. 학년, 연령별 구분을 하게 되면 교사들의 전도의 길을 막아버리니 이것이 더 큰 문제이다. 서부교회는 전도한 교사가 유치부에서 초등학교 6학년까지 다 자기 반으로 등록시켜 함께 가르친다. 교사들이 직접 전도해서 학생들을 양육하는 것을 주일학교 운영 방침으로 두는 것은 직접 전도해서 자기 반을 키우는 교사와 만들어진 반을 맡아서 키우는 교사는 학생에 대한 애착, 노력, 관심, 기도, 충성에서 완전히 다르기 때문에 서부교회는 주일학교 체제의 가장 핵심적인 점을 여기에 두고 있다.[29] 나에게 붙여준 아이는 내 신앙의 자녀이다. 혈육의 자녀보다

---
28) Ibid., 74.
29) Ibid., 103.

더 귀한 신앙의 자식이다. 하나님이 나에게 그의 평생 신앙을 책임 지 워 맡긴 내 양이다. 그런데 어찌 내 자식을 남에게 맡기겠는가? 그러므로 서부교회는 한 번 전도하여 등록한 학생을 자기 수첩에 적어 놓고 비록 그 아이가 이사를 간다 해도 죽기 전에는 그 이름을 지우지 않고 기도한다. 신앙의 자녀로 취급하는 것이다. 따라서 학년별 공과공부 교재를 쓰지 않고 교회가 독자적으로 만든 공과(지난 주 주일 강단 설교)로 성경을 가르친다.

(다) 교사운영 체계

어린이들에게 일체 선물을 주지 않지만 교회학교는 해마다 성장한다. 서부교회 주일학교의 성장 비결은 무엇보다 강력하고 열성적인 교사운영 체제가 절대적인 역할이었다.[30] 어린 학생들을 전도하고 가르쳐야 할 주일학교 부흥의 핵심은 학생들을 개별적으로 상대할 교사에게 있다. 하나님은 충성하는 교사를 통해 직접 역사한다. 가르치고 인도하는데 교사의 신앙과 충성이 모든 기존 생각의 벽을 깨뜨리고 놀랄만한 결과를 이룩한 것이다. 그러므로 될 수 있는 대로 교인 모두 교사가 되도록 해야 한다. 1987년 6월 20일 〈크리스챤 신문〉이 전하는 서부교회의 재적은 2만 7천 명, 학급만도 500반이었고, 보조교사를 포함한 교사만 948명이었다. 서부교회 500여 정교사들은 분포가 중학생부터 75세 노인까지 있고 초등학교도 안 나온 사람부터 박사까지 있다. 교사를 하다보면 자신의 신앙부터 좋아지니 특별히 맡은 일이 없다면

---

30) Ibid., 81-3.

주일학교 일꾼으로 등용하는 것이 필요하다. 만일 직접 주일학교에 못 나서는 교인이라면 가족 중에 교사로 나서는 사람의 뒷설거지나 아이를 돌보아 주는 일, 사무보조, 운전, 교통정리 등을 할 수 있다. 교사는 대학교 다닐 때 2-3년 해보는 일시직이 아니라 힘닿는 대로 늙어서까지 하는 평생직이요, 은퇴 없는 영구직으로 알고 충성해야 한다.[31]

(라) 교사 양성

주일학교 부흥과 실패의 책임은 전적으로 교사 양성에 있다.[32] 학생들에게 교사는 교역자와 같다. 그 반의 모습이 그 교사요, 그 교사의 모습이 그 반이기 때문이다. 이러므로 교사 양성이 주일학교 운영에 있어 생명이다. 그러므로 교사 양성은 주일학교 부흥과 신앙에 절대적인 문제인 것이다. 결국 교사는 작은 목회를 하는 것이다. 어떻게 하면 교사를 바르게 양성할 수 있을까? 서부교회는 가장 일반적이고 보편적인 방법을 제시한다.

① 가르치는데 유일한 자격은 신앙이다. 그러므로 주일학생을 가르칠 교사는 먼저 자신이 신앙생활을 잘 해야 한다. 정상적인 교인생활이 바로 교사 양성에 제일 좋은 방법이다. 서부교회 교사 양성 방법을 물어오는 분들에게 백영희 목사는 '대예배 4번, 새벽예배 7번 참석해서 말씀을 배워 그대로 살고, 매일 30분 이상 각자 기도하기로 부탁한 그대로 기도생활하는 것이 전부라' 한다.

---

31) 이영인, 주일학교의 성경적 운영(서울: 명범, 1997), 176-80.
32) 백영희 목회연구소 편, op. cit., 112-23.

② 자신의 신앙생활을 바로 하면서 동시에 매일 한 번씩 자기가 맡은 학생들을 위해서, 그들의 신앙을 위해서 기도해야 한다. 서부교회 백 목사는 매주 교사회 때마다 한 번도 빼지 않고 교사들에게 물어보는 것이 있다. "지난 한 주간 동안 맡은 학생들을 위해서 그들의 이름을 부르며 그들을 위해 기도한 사람 손들어 봅시다." 일일이 손들게 해서 보조교사까지 확인한다. 몸은 한 주간 학생과 떨어져 있다 해도 신앙의 자녀, 양들을 위해 마음으로 기도해야 한다. 기도하는 방법은 학생들의 이름을 하나씩 마음으로 외워가거나 혹은 학생 명단을 수첩에 적어놓고 잠시 불러가면서 그들의 얼굴을 생각하면서 기도하는 방법이다. 몇 분 걸리지 않는 간단한 방법이고 쉬운 일이지만 많은 유익이 있다.

③ 이제는 학생의 모든 주변 상황과 생활을 살펴서 돌보는 관리가 필요하다. 맡은 학생들을 실제로 가르치고 지도한 것을 확인하는 게 심방이다. 지난 주일 배운 것을 가르치고 확인해 보고 또 그들이 어떠한 형편에 있는지 심방해 보아야 한다. 토요(또는 주중)심방 때는 각 학생 집으로 찾아가서 반드시 하나님 말씀을 가르치고 살펴보아야 한다. 심방 가는 집에서 다음 집까지 가는 사이 사이에 전도를 한다. 토요일 심방을 하게 되면 반드시 전도가 있게 되고 처음 나오는 학생들, 어린 학생들, 또 말썽꾸러기들은 선생님이 주일 아침 데리러 가야 한다.

④ 한 학급은 평균 50명 정도이다. 부흥하여 이 인원을 넘으면 한 학급당 3-4명씩 배치되어 있는 보조교사에게 분반시킨다. 다만

처음 교사를 시작하는 경우에는 원교사를 따라 다니며 직접 배우는 시간을 갖는다. 이 반이 무사히 독립할 때까지 분반시킨 모교사가 지속적으로 관리함은 물론이다.

(마) 교회학교 예배[33]

〈월간 주일학교 교사의 벗〉 1986년 2월호 "한국의 10대 주일학교 편" 중에서 서부교회 주일학교 운영 내용 중 '예배 프로그램'에 관한 기사 내용을 소개한다. 예배순서는 독특하다. "하나님이 기뻐하시는 뜻을 위주로 한다"는 자세 아래 예배 이외에 일체의 다른 활동이 금지되어 있다. 그런 까닭에 동화구연을 하거나 심지어 율동이나 레크레이션조차 일체하지 않는다. 말씀을 가르치고 배우는 것 외에는 하나님이 기뻐하지 않는다는 것이다. 예배를 드릴 때에도 어린이용 찬송가를 사용하지 않는다. 순서도 그렇거니와 어른과 똑같은 예배순서를 갖는다. 예배순서는 묵상기도, 부장의 개회기도, 찬송, 교사의 대표기도, 부장의 설교, 공과공부, 찬송, 문답, 찬송, 광고, 폐회기도로 이루어진다.

특이 사항은 설교다. 어린이 예배의 설교는 그 전 주일에 목사님이 대예배 때 설교한 것으로 한다. 주일 오전 목사님의 설교는 다시 본문, 제목, 요절의 설교 개요와 서론과 본론, 결론이 요약 정리되어 수요일 저녁예배 때 교사를 포함하여 전 성도들에게 나누어 주고 다시 같은 설교를 한다. 이 설교 원고가 다음 주일 주일학교 부장의 설교 원고이고 어린이의 공과 내용이다. 그래서 어린이는 문답시간과 함께한 내용

---

[33] Ibid., 91-2.

을 세 번 익히게 된다. 공과는 스스로 재작성하여 교인들에게 배부하고 있다. 문답시간에는 교사들이 나누어 준 문답지(요절지)에 의하여 대답하도록 하고, 요절은 꼭 외워야 한다. 어린이들의 성경공부 내용은 진행이나 서술과정(용어 포함)이 어른의 것과 똑같다.

2) 천안 갈릴리교회

천안시 쌍용동 218번지에 위치한 천안 갈릴리교회는 교회학교 아동들이 2,500여 명으로 전체 성도의 50%를 육박한다. 예수 그리스도로부터 12제자에게 제시된 복음을 우리가 이어서 다음세대에게 전달하고 이 땅에 하나님 나라를 확장하는 것이 교회의 목표이다.[34]

(가) 주일 교사 기도회

매 주일 아침 7시 30분이면 전체 교사기도회로 교회학교가 시작된다. 담임목사가 직접 인도하고 교사만 아니라 어린이도 120-150명 같이 참석한다. 이에 앞서 교사들은 새벽 5시 성인을 위한 새벽기도에서 교회와 교회학교 반 아이들을 위하여 기도하는 시간을 갖는다. 전 교사 기도회에서 담임목사는 오늘 선포될 말씀을 요약해서 전달한다. 7시 50분 기도회를 마치면 8시에는 교회학교에서 뽑힌 순장들을 위한 간단한 훈련과 기도회가 있다. 8시 10분부터 예배가 시작되는 9시까지 모든 교사 혹은 어린이들이 심방을 나간다. 자신의 차량으로 아이들을 실어오고 마지막으로 전화심방과 전도가 이뤄지는 황금시간이다.

---

[34] 천안 갈릴리교회 홈페이지(http://cgmc.or.kr)에 기록된 내용이다.

(나) 학년제, 연령제 폐지[35]

학년에 제약 없이 저학년과 고학년 아이들이 담임교사의 철저한 양육으로 성숙한 그리스도인으로 성장한다. 한번 내 제자가 되면 끝까지 책임진다. 교회학교 통합반을 하면 말씀을 듣는 대상이 차이가 나는데 어떻게 가능할까? 하지만 하나님의 말씀의 능력을 믿는다. 물론 단점이 있다. 예배의 분위기가 좋지 않을 수 있고, 설교 말씀을 저학년은 잘 이해하지 못한다. 하지만 무학년제는 장점이 훨씬 더 많다. 교사와 어린이들이 전도할 수 있는 영역이 넓다. 내가 전도한 자는 학년과 연령에 상관없이 내 반이 되기 때문에 목양 정신에 맞는 것이다. 어린이들 사이에서 서로 이끌어주고 전도가 용이하다. 어린이들 스스가 주일 예배에 데려오고 심방하고 전도한다. 분반 수업시간에 연령끼리만 모이면 장난을 치게 되어 분위기가 어수선할 수밖에 없다. 하지만 무학년 제도는 실보다 득이 훨씬 더 많다.

(다) 교사와 순장이 반 아이들 전도와 심방

주중에 또는 토요일에 심방하며 지역 전도를 한다. 매일 등하교 시간에 전도를 계속한다. 토요일 한 가정 한 가정을 심방하며 기도하고 지난주 말씀을 가르쳐 준다. 그리고 한 주간의 생활을 묻는다. 이렇게 모두 맨투맨 심방과 상담을 매주마다 한다. 주일 아침, 중요한 것은 나가서 아이들을 데려오는 것이다. 이것이 갈릴리교회 교회학교의 특징이다. 각 가정을 일일이 문을 두드려서 교회로 데려오는 것이다.

---

[35] 박종우, 『성장하는 주일학교 리포트』 (서울: 야곱의 우물, 2010), 233.

(라) 교회학교 예배

아이들의 예배는 장년부와 동일한 형식을 취한다. 말씀은 담임목사의 장년부 설교가 아이들에게 똑같이 선포된다. 개교회에는 일관되어 흐르는 신앙이 있다. 담임목사의 목회철학이든, 그 교회의 역사적 전통이든, 갈릴리교회는 담임목사의 지난주 설교 내용이 다음주 어린이부 설교로 그대로 적용된다. 설교는 연간 계획에 따라 각 부별로 부장과 지정된 몇 명의 교사 그리고 교역자들이 담당한다.

(마) 분반공부

분반공부는 담임목사의 지난주 설교 내용을 다음주 교회학교 설교로 그대로 활용한다. 또한 분반공부 시간에도 동일한 내용을 가지고 심화한다. 교사는 설교를 통해 들은 말씀을 교사주보를 통해 한 번 더 익히고 어린이 새벽기도와 어린이 예배시간을 통해 한 번 듣게 된다. 이렇게 반복된 말씀을 통해 교사 자신이 받은 은혜의 핵심을 반 아이들에게 전하는 것은 어렵지 않다. 말씀은 완전히 암기식으로, 간단한 설교 내용의 주제를 철저하게 암기시킨다. 오직 반복 그것이 분반공과 내용이다. 교사는 주일예배 시 담임목사의 설교를 경청하고 정확히 노트하는 것이 곧 분반공부의 준비가 된다. 설교 노트와 토요일 저녁 주보에 게재된 지난 주일 설교 주제 내용 요약을 바탕으로 교안을 준비하므로 분반공부 준비를 마치게 된다.

(바) 교사 확보[36]

천안 갈릴리교회학교 부흥운동의 핵심은 교사 확보에 있다. '세례를 받은 성도는 모두 교사하자' 이것이 강단의 외침이다. 교회학교 성장의 성패는 교사를 얼마나 세우는가에 있다. 이것이 교회학교 부흥의 비밀 핵심이다. 교사의 숫자에 어린이들의 숫자가 정비례한다. 현재 임명된 교사는 819명(정교사 567, 보조교사 252)이다. 세례교인이라면 누구나 교사를 할 수 있지만 정기적으로 4영리와 10단계 교육을 받아야 한다. 특히 제직이라면 필수적으로 교사를 해야 한다. 그래서 현재 제직의 90%가 교사이다. 교사는 갈릴리교회의 기둥이요, 교회학교 성장에 핵심이다. 교사의 사명의식과 사랑의 폭이 얼마나 넓으냐가 결국 그 반이나 교회학교 성장의 성패가 달려 있다. 교사들이 사명감을 갖도록 어린이 교육과 프로그램보다 교사교육을 우선하여 진행하고 있다. 모든 방향이 교회학교 어린이에게 있는 것이 아니라 교회학교 교사에게 있다. 1부 9시 예배에 총 16개 부서, 2부 11시 예배에 총 24개 부서에 부장 외에는 모두 교사활동을 해야 한다. 일단 임명된 교사는 유치부부터 6학년까지 자신이 전도한 어린이는 모두 자기 반에 소속시킨다. 교사의 열정과 능력에 따라 아이가 많은 반은 50명 이상도 되고 역량이 부족한 교사는 1-2명이 되기도 한다.

(아) 담임목사의 목회 방침

담임목사의 교회학교에 대한 변함없는 열정이 강단을 통해 선포되

---

36) Ibid., 231-32.

고 은혜 받은 교인들이 교사로 헌신하기에 교사가 사명감을 갖는 중요한 요인이 된다. 우리가 이 시대 교사로 쓰임 받는 것이 얼마나 영광스러운가에 대하여 담임목사의 직접적인 독려와 교사 스스로 그리스도인으로서의 삶에 대한 헌신이 절대적이다.

(자) 어린이 지도자 양성

갈릴리교회는 아이들을 지도자로 세우는데 힘을 기울인다. 이들이 순장, 중순장, 대순장들이다.

① 순장의 자격 : 초등학교 3학년 이상 신앙생활에 모범인 학생, 주일성수, 새벽기도, 십일조, 전도, 성경 읽기를 열심히 하는 자, 제자훈련 및 교육훈련에 빠지지 않고 리더십이 있는 자,

② 선발 및 임명장 수여 : 담임교사가 추천한 학생으로 일정 기간(1-2월, 8주) 평가표에 의거하여 선정한다. 임명장은 3월 첫 주에 담임목사가 직접 수여한다.

③ 임기와 책임 : 순장의 임기는 1년으로 하며 1년 동안의 활동을 평가하여 재임명 및 중순장으로 발탁한다. 순장은 주일예배 기도담당, 주일 새벽기도 참석, 개인기도 하루 30분 이상, 1년에 5명 이상 전도, 성경 읽기, 봉사활동 참여 등 7가지를 실천에 옮겨야 한다.

④ 순장 교육 및 활동 : 일반 교육 / 매주 셋째 주 토요일 오후 2시. 특별 교육 / 매년 2회 이상 방학기간에 실시한다. 선교훈련 / 매년 1회 방학기간을 이용, 선교에 대한 열정과 비전 및

신앙적 역사관을 위해 해외 및 국내 선교지를 선정하여 훈련을 실시한다. 이들은 집중적인 신앙교육과 해외 선교훈련을 통해 교회학교에 핵심적인 역할을 감당케 한다.

3) 부산 예환꿈교회

부산지역에서 교회학교의 부흥을 통한 교회부흥의 큰 반향을 일으키고 있는 예환꿈교회(부산광역시 부산진구 당감4동 696-1) 목양교사 사역을 살펴보고자 한다.

(가) 담임목사의 다음세대 사역 철학[37]

예환꿈교회는 1990년 1월 1일 27평 지하에서 개척되었다. 개척 후 10년 동안 기도와 전도 중심의 목양사역을 하였다. 온누리교회 일대일 양육, 제자교회의 확신반과 성장반 바나바 사역을 진행 중에 2002년 교회가 위기 상황을 맞이했다. 시간을 정하고 기도 중 한국 교회 사각지대에 빠져 있는 교회학교 다음세대를 살리라는 부르심을 받았다. 지금 다음세대를 살리지 않으면 한국 교회는 큰 위기를 맞을 것이라는 음성을 듣는 순간 담임목사에게 다음세대를 일으켜 세우기 위한 기름부으심이 있었다. 3개월 동안 기도만 하면 아무 기도 제목도 생각나지 않고 다음세대를 살려야 한다는 절박한 마음과 한국 교회 미래에 대한 걱정으로 눈물이 마르지 않았다. 하나님은 모든 목회 에너지를 다음세

---

[37] 한성택, 목양사역 교회들의 10배 부흥 이야기, 6개월의 기적(부산: 목양교사훈련원, 2007), 8-14.

대를 살리는데 집중하도록 하였다. 중직자와 구역장들을 설득하여 30여 명의 교사들과 함께 겟세마네 기도회 21일을 작정하여 준비 기도한 후, 2003년 1월 1일부터 담임목사가 직접 교회학교를 맡아 목양체제로 전환하였다.

부활주일을 앞두고 총력전도주일을 선포하였다. 500명을 돌파하자고 목표를 삼고 외쳤다. 모든 교사가 힘을 합쳐 매일 전도한 결과 6개월 만에 1,000여 명이 전도되었고 출석이 500여 명에 이르기 시작하였다. 더 중요한 사실은 목양교사를 하며 목양에 영성을 가진 목양제자가 나오기 시작하였다. 교회가 건강해지고 상상할 수 없을 정도로 큰 변화가 일어나기 시작하였다. 가장 큰 변화는 교회 안에 다음세대들이 나실인으로 변화되어 예배와 기도와 전도에 앞장서고 목양교사를 한다는 것이다. 예환꿈교회 비전은 2010년까지 300명의 목양제자와 3,000명의 다음세대를 세우는 것이다. 또한 열방에 목양교사 사역으로 다음세대를 세우는 7천 교회를 세우는 것이다. 이 일을 위해 오늘도 겟세마네 기도회에 어린이부터 어른에 이르기까지 모여서 기도한다. 사도행전에 120명의 마가 다락방에 모인 목양제자를 세우는 일에 최선을 다하고 있다.

(나) 예환꿈 목양교사의 기도

① 겟세마네 기도회 : 본 기도회는 예수님이 십자가를 앞에 두고 흐르는 땀방울이 핏방울이 되도록 간절히 하나님의 뜻을 구하며 기도하였듯이 기도하는 시간이다. 월, 화, 목요일 3일간으

로 1시간을 기준으로 한다(순서는 찬양 10분, 성경 읽기 5분, 연합기도 30분, 개인기도 15분이다). 시작은 담임목사가 인도하고 자리가 잡히면 부교역자 또는 평신도 사역자가 인도한다. 처음 시작할 때는 1-2주 특별기도회로 시작했고 지금은 지속적으로 하고 있다.

② 목양 도고기도팀 운영 : 교회의 각 기관별로 도고기도팀을 운영하여 기도하게 한다. 유치부, 유·초등부, 중·고등부, 청년부, 장년부, 시간은 기관별로 자유로이 정하여 한다. 토요일이나 주일에 하면 효과 면에서 가장 좋다. 시간은 30분에서 1시간 이내에 부서 상황에 따라 진행한다. 유치부는 인도자를 세우고 그 외 부서는 학생들이 인도자를 자율적으로 세워서 한다. 찬양 10분, 연합기도 30분이다. 목회자와 교회만을 위해 기도한다. 누구든지 기도할 수 있도록 문을 열어 놓는다. 그리고 만나는 사람마다 도고기도팀을 하라고 권면한다.

(다) 예환꿈 목양교사의 전도[38]

① 매일 주중 전도 : 학교 앞에서 같은 시간에 매일 전도한다. 함께 연합하여 꾸준히 하다 보면 전도의 문이 열린다. 집에 있는 사람은 모두 학교 전도에 동참시킨다. 어른 전도는 부담스럽지만 어린이 전도는 그렇지 않다. 몇 번 전도하다 보면 누구나 자신감이 생겨 전도를 잘하게 된다.

---

38) 한성택, 목양사역 지침서(부산: 목양교사훈련원, 2007), 2-12.

② 금요일 학교 앞 전도 : 매주 금요일마다 자기 지역 학교 앞에 가서 전도한다. 예수님 마음으로 하는 전도 외에 다른 방법을 사용하지 않는다.

③ 지역 전도 : 심방을 하다가 그 지역을 전도하는 것이다. 이것이 가장 효과가 좋다.

④ 총동원 전도축제 : 처음 목양 사역을 시작할 때 하였고, 현재는 1년에 봄과 가을 두 차례 실시한다. 부모 초청전도(Famaily Festival, 일명 F2), 1년에 한 차례씩 실시한다.

⑤ 영접훈련 : 전도훈련을 받고 영접을 준비하는 것이 좋다. 영접을 시켜야 자신의 목양교사 사역에 도움이 된다.

(라) 예환꿈 목양교사의 양육

① 일대일 양육 : 일주일에 한 명을 집중해서 양육한다. 『새로운 생활』 교재(한성택 목사)를 사용한다. 1:1 양육방법을 소개하면, 양육 시간은 1시간 이내로 한다. 양육 순서는 찬양 10분, 말씀 20분, 나눔 15분, 기도 15분이다. 새로운 생활은 전체 4과이다. 1, 2과는 구원을 다룬다. 3, 4과는 제자론이다. 이 과정은 양육 받는 학생이 1명 이상 전도하여야 수료가 가능하다.

② 리더그룹 양육 : 4주간 일대일 양육을 받은 사람을 소그룹으로 양육한다. 시간은 자유로이 하고 1시간 이내로 한다. 이때 사용하는 교재는 『성장하는 생활』, 『목양리더학교』, 『새가족

반』, 『제자반』, 『사역자반』(한성택 저) 교재를 사용한다.

③ 공과를 통한 양육 : 지난 주일 강단 설교를 공과로 사용한다. 또한 매주 심방을 통하여 요절암송으로 양육한다.

(마) 예환꿈 목양교사의 심방

① 학교 앞 심방 : 매일 학교 앞 전도를 통하여 학생을 만남으로 심방을 하게 된다.

② 가정 방문 심방 : 모든 재적을 주중 또는 토요일에 심방한다. 가정에 사람이 없어도 간다. 가서 문고리라도 잡고 기도한다. 심방갈 때에는 보조리더와 함께 간다. 처음에는 교회에서 준비한 선물을 가지고 간다. 그 결과 심방을 통하여 가정에 문제가 해결되고 가정 복음화가 이루어진다.

(바) 무학년 제도 시행

무학년제는 목양의 정신이다. 자신이 전도한 영혼을 다 관리하고 양육한다. 단 어린아이가 전도하면 교사가 판단하여 맡겨도 된다고 생각될 때까지 교사가 관리한다. 무학년제(통합반)는 유치부부터 고등부까지 한다. 그러나 처음 시작할 때는 유치부에서 초등부 6학년까지 통합한다. 무학년제 시스템은 교회학교 전도의 폭발성을 가져온다. 무학년제 반편성은 먼저 기존 학생들은 부모에게 보낸다. 내 자녀는 내가 목양한다는 분위기를 만들고 부모가 자녀의 교사가 되도록 한다. 내 자녀를 리더로 키워야 하는 동기부여를 한다. 기존 학생들은 지역으로 나누어서 편성한다. 무학년제는 단점보다 장점이 많다. 단점은 유치부에서 초등학생까지 함께하므로 친교가 잘 이루어지지 않는다. 장점은 교육적인 효과가 일반 교회학교 보다 월등하게 크고 세대 통합이 시작된다. 학년제보다 무학년제일 때 교사들이 성령을 더 의지한다.

(사) 통합예배와 통합찬양 [39]

통합예배는 인위적으로 되지 않는다. 통합은 하나님의 명령이다(욜 2:28). 통합예배는 성령의 기름부음이 있어야 가능하다. 성령의 기름부음은 전 세대가 같은 마음, 같은 비전을 품어야 가능하다. 목양을 시작하고 6개월 정도 지나면 통합예배가 자연스럽게 이루어진다. 통합찬양팀은 목양교사를 시작하며 각 부서 찬양팀을 그대로 두고 자연스럽게 모든 부서 찬양팀을 통합찬양팀으로 만들었다. 통합찬양은 성령의 기름부음이 강하고 주님이 기뻐하시고 모든 성도가 좋아한다.

(아) 예환꿈교회 목양교사의 간증 [40]

① 목양교사_ 정미자

2003년 교회와 목사님의 목회에 큰 전환점이 일어나면서 목양의 바람이 불기 시작했다. 모든 직분자와 성도들이 교사화되었고 정교사가 되고 나에게도 영혼이 붙여지면서 서서히 목양을 시작하였다. 철저한 기도, 전도, 양육, 심방을 실시하였

---

39) 한성택, 『하나님이 꿈꾸는 세대간 통합비전』 op. cit., 48-9.
40) 한성택, 『목양사역 교회들의 10배 부흥 이야기, 6개월의 기적』 op. cit., 15-25.

다. 하나님께서 철저하게 훈련시키시고 준비하셔서 한 사람의 나실인을 세우기 위해 허락한 것임을 안다. 아직도 그 과정 속에 있지만 두 아이가 주님 앞에 목양교사로 든든히 세워져 가고 두 아이의 기도로 남편과 어머니도 주님께 돌아왔으며 통합의 축복을 우리 가정에 보너스로 주님께서 허락하셨다.

나에게 맡겨진 열 명 남짓한 어린 영혼들, 잘 양육하여 하나님의 간절한 소원인 이 땅의 부흥을 그들을 통해 이루어 나갈 수 있도록 목양제자로 세우는 것이 나의 사명이요 나의 십자가임을 알고 이 길을 오늘도 기쁘게 걸어간다.

② 목양교사_ 차판영

5년 전 목양이란 단어도 모른 채 목사님이 차량으로 봉사하실 분 손들라 하실 때 손을 들었었는데 결국 모두 교사로 반이 주어졌다. 영혼을 놓고 기도할 때 눈물과 통곡으로 위로도 받으면서 하나님과의 깊은 교제를 나누게 되었다. 무엇보다 영혼에 대한 뜨거움을 주셔서 만나는 사람마다 복음을 전하고 싶고 기회만 되면 복음을 전하는 사람이 되었다.

한 번은 무당집 아들을 전도하였는데 어머니의 강력한 문전박대로 결국 교회로 인도는 못하였지만 그래도 영접하였고 기도하고 있으니 기쁨과 감사가 넘쳤다. 심방을 위해 저녁 9시가 넘어 아파트 초인종을 누를 때에도 하나님께서는 담대함을 주셨으며 먼 거리를 걸어 심방갈 때도 주님의 섬김을 알 수 있었다.

　양육을 다 마친 아이들이 변화되지 않는 모습에서 나 자신의 부족함을 더욱 깨달았으며 목사님의 마음도 알 수 있었다. 어느새 자녀들도 어려운 상처를 보듬으며 목양교사로 우뚝 서 있다. 목양교사는 나 자신을 관리하는 지름길이며 목사님 마음을 이해하는 지름길이며, 응답 받는 지름길이며, 모든 연합의 지름길인 동시에, 주님의 사랑과 희생에 동참하는 이 시대 최고의 사역임을 확신한다. 이제 목양사역을 통하여 통합을 이루는 하나 되는 놀라운 기적을 만들어 낼 것이다.

③ 목양교사_ 윤덕임

　어느 날 목사님께서 주일학교 교사를 하라고 하셨다. "다음세대가 중요하다. 다음세대를 살려야 한다. 다음세대들이 꿈을 잃었다. 다음세대를 전도하여 양육하고 지도자로 세워야 한다. 다음세대를 목양제자로 삼으면 목양제자가 된다." 목양교사를 해야 목양제자가 될 수 있음을 알았다. 이 시대를 살릴 나실인을 찾아야 한다. 한 명의 나실인, 출석하지 않고 있는 한 성도의 아이를 심방하여 출석시키면서 목양사역은 시작되었다.

　처음엔 매일 학교 앞에서 사탕전도를 시작하였다. 일정한 시간, 일정한 장소를 정해놓고 지속했다. 날마다 겟세마네 기도회와 새벽기도 시간에 맡겨진 지역과 학교 복음화를 위하여 기도하면서 땅밟기를 했다. 지속적인 만남을 통하여 거리감이 없어지고 신뢰감이 쌓여 갔다. 복음을 전하여 영접을 시키고 교회로 인도하는 일들이 끊임없이 반복되면서 부흥이 시작됐다. 20, 30명 어떤 날은 60여 명, 우리 반만 아니라 다른 반들도 부흥이 시작됐다.

주일학교 전도는 너무 쉬웠다. 그런데 아이들의 관리와 정착에 문제를 느끼면서 양육이 시급함을 느낄 때 즈음 강단을 통하여 양육 메시지가 주어졌고 한 명, 한 명 양육을 시작했다. 양육을 통하여 은혜 받은 아이들은 정착율이 높았고 목양제자가 되었다. 한 아이를 전도하여 양육하는 중 그 아이가 다른 친구를 전도했고 교사인 제가 양육을 하며 그 아이의 어머니를 아이와 함께 전도하여 양육하고 보조교사로 세웠고 함께 하는 사역현장 가운데 목양훈련이 되어 정교사로 세워지고 반을 맡아 독립하였다. 그의 아들이 보조교사가 됐고, 그 반이 다시 부흥되어 그 아이가 또 정교사로 세워졌다. 친구를 전도하여 양육했는데 그 친구가 또 다른 친구를 데려오는 일이 일어났다. 그 아이는 지금 중학교 1학년이며 기도, 전도, 양육, 심방하는 멋진 목양제자가 되었다.

이렇게 영적 가문 6대가 세워졌다. 끊임없이 이어질 영적 가문의 번식과 목양사역을 통한 강력한 통합의 파장을 바라보면서 기쁨과 감사가 넘쳐난다. 자연스럽게 통합 셀(Cell) 모임이 만들어지고 세대 간 통합이 되어 감격스럽고 놀랍다.

오늘도 한 명의 나실인을 찾기 위한 영적전쟁은 계속되고 있으며 이 사역을 통한 영적 가문의 번식은 영원할 것이며 이 목양사역을 통한 세대 간 통합의 열풍은 멈추지 않을 것을 확신하며 감사와 찬양을 드린다.

목양교사의
성경적 근거와 중요성

제3장
•••

목양교사의 성경적 근거와 중요성

1. 교회학교 교사에 대한 성경적 의미

교회는 인류를 구원하는 사명을 이루기 위해서 예수께서 성육신하여 이 땅에 오심을 믿는 신앙인들이 유기체로서의 고유한 특성을 소유하고 있다. 하나님께서는 교회의 구성원 중에 주어진 역할을 따라 사도, 선지자, 복음 전하는 자, 목사와 교사들(엡 4:11, 고전 12:28)로서 이들의 주된 사역은 성도를 온전케 하여, 봉사의 사역을 통해 그리스도의 몸을 세우기 위한 것이다(엡 4:12).

여기서 "교사"란 헬라어 '디다스칼로스' 인데 현재 개역 개정판 본문에서는 같은 원문 단어를 '교사' (고전 12:18, 엡 4:11, 딤후 1:11), '선생' (눅 2:46, 마 8:19, 막 10:17) 또는 '스승' (딤전 2:7; 4:3)으로 번역하고 있다. 초대교회의 은사 직무로서 교사는 사도나 선지자 등의 직분과 그 기능의 차이를 구별하기가 쉽지 않은 것이 사실이지만, 일반적으로 교사란 특히 성경에 근거하여 아직 모르는 사람들에게 하나님의 뜻을 가르쳐 주고 진리를 깨닫도록 인도하기 위해 세우심을 받은 영적 지도자로서 이들은 주로 교회교육 부분에서 봉사하는 사람들이다.[41]

그런데 여기에서 성경적 의미로서 "교사"의 직분이 현대적으로 어떻게 해석될 수 있느냐는 문제가 생겨난다. 근접한 의미에서 성경 교사는 현대의 교육사나 교육목사 등과 같이 교회 내에서 교육부문을 전담하는 직분에 관련된다.[42] 그러면 현재 교회학교에서 사역하는 교사 직분에 대한 신학적 근거는 무엇인가?

예수 그리스도께서 그의 사도들과 제자들 즉 교회에 주신 최대의 사명은 복음전파의 사명이다(마 28:18-20, 막 1:35-38, 막 16:15, 행 1:8, 고전 1:17). 이것을 우리는 복음전파 또는 복음증거로 이해한다. 이것은 예수님께서 교회에 주신 사명인 동시에 하나님의 백성들에게 위탁하신 것이다.

특히 마태복음 28장 18-20절은 예수님의 지상 최대의 명령으로 아버지 하나님께서 자신에게 부여하신 하늘과 땅의 권세를 가지고 모든 족속으로 하여금 그리스도의 제자를 삼으라는 것이다. 예수님이 땅에 계실 때 부탁한 모든 것을 가르쳐 지키게 하라는 것이다. 이 말씀은 교회학교 교사들이 하늘과 땅의 권세를 부여 받은 자로서 가르치는 사명을 수행해야 한다는 사실을 보여 준다. 이것은 땅 끝까지 이르러 증인이 되라고 하신 사도행전 1장 8절과 밀접하게 연결되어 있다. 이 말씀

---

41) 김국환, *기독교교육 사역론*(서울: 대한기독교교육협회, 1993), 13.
42) 오인탁, *기독교교육*(서울: 종로서적, 1984), 175-81.

에 '땅 끝'은 지리학적인 개념이 아니다. 땅 끝은 '세대 간의 관계' (Generation to Generation)로 재해석 되어야 한다. 이때 지상 최대의 명령은 성장 세대를 복음으로 양육하는 교육적 과제로 인식된다.[43]

또한 새롭게 제기되고 있는 평신도 신학에서도 교회학교 교사의 신학적 근거를 제시해 주고 있다. 교회는 내 양을 돌보라(대헌장, 요 21:16)는 이 사명을 어떻게 감당할 것인가? 멜빈 스타인브런 목사가 일관되게 주장하는 것은 교회의 목양사역(Pastoral Care)은 안수 받은 목사와 헌신된 평신도가 함께 감당하여야 한다는 것이다.[44] 즉 평신도가 목회사역에 참여해야 하고, 평신도는 왕 같은 제사장으로서 목회사역자(목회직)의 위상을 가져야 된다는 것이다.[45] 평신도 목회가 목양이다. 우리의 모델은 평신도 목회자사역(Lay Pastors Ministry)인데 평신도에 의해서 회중을 돌보는 시스템이다.[46] 그렇다고 평신도가 안수 받은 목사가 되라는 것이 아니다. 평신도는 성직자가 아니고, 설교자도 아니다. 종교적 절차에 따라 임명된 자들도 아니다. 슬로컴은 이들을 '성직자 평신도'라고 부른다.[47] 안수 받은 목사와 평신도 사역자 사이의 차이점들은 직책(Order)이 아니라 기능(Function)이다.[48] 성경은 평신

---

43) 정일웅, "교회주일학교 교사 훈련과제와 방법," 『신학지남』 제236호(1993. 여름): 128-29.
44) 멜빈 J. 스타인브런, 『목회 혼자할 수 있는가?』, 서병채, 김종태 공역(서울: 평신도목회자연구소, 1998), 8.
45) Ibid., 21-2.
46) 멜빈 J. 스타인브런, 『교회를 움직이는 평신도』, 서병채 역(서울: 평신도목회자연구소, 2001), 32.
47) 로버트 E. 슬로컴, 『평신도 목회의 극대화』, 서병택, 서병채 공역(서울: 평신도목회자연구소, 2003), 51-2.
48) 멜빈 J. 스테이브런, op. cit., 77.

도에게 목회사역을 개방하고 있을 뿐만 아니라 그 사역을 하도록 초청하고 있다. 평신도는 진실로 목회자가 될 수 있다. 불행하게도 성직자와 평신도, 두 직책의 변화가 교회 역사 중에 가장 큰 사건들 중에 하나인 AD 313년에 발표된 콘스탄틴 황제의 밀라노 칙령으로 시작되었다. 교회는 로마정부의 군주적인 기초를 채택하기 시작했다. 군주적인 구조는 어떤 기능을 상승시켰고, 그리고 사람들은 다른 사람들을 지배하고 중요한 것들을 소홀히 하는 결과를 초래했다. 이런 계급조직 시스템은 그리스도의 가르침에 대조되는 것이었다. 성직자와 평신도 사이의 구분이 뚜렷해졌다.[49]

    기능이 아니라 직책으로 보았을 때, 모든 사람이 목회자이다. 이 원칙은 하나님께서 평신도들이 목회적으로 돌보는 일에 헌신하도록 평신도를 구비시키는 많은 프로그램들을 일으키실 때까지 400년 이상 실천되지 않았다. 왜냐하면 목사들이 그것을 자신들에게만 적용시켜 왔기 때문이다. 16세기의 종교개혁 시대에 교회는 평신도에게 성경을 나누어 주었다. 그러나 현대의 종교개혁은 평신도에게 목회사역을 나누어 주는 것이다. 두 번째 종교개혁은 모든 크리스천을 1급(A First-Class)으로 보는 것이다.

    하퍼(Norman E. Harper)는 그리스도 안에서 모든 신자들은 그의 종으로서 수행하여야 할 왕과 제사장과 선지자의 삼중직을 가지고 있기 때문에 이것을 교회학교의 사역과 연관시켜 교회학교의 교사도 예수

---

49) Ibid., 78-9.

그리스도의 소명으로 임해야 함을 주장하였다.50) 이처럼 현대의 교회 학교 교사는 하나님의 부르심에 의해 세움 받았기 때문에 우리는 단순한 직분으로서의 교사가 아니라 자기가 맡고 있는 '반'의 목자로서의 부르심을 받아들여야 할 것이며, 이런 이해 속에서 교사의 책임을 다해야 할 것이다.

정일웅은 "교사의 부르심은 한 교회를 위임 받은 목사의 신분과 같은 의미로서 이루어진다고 보아야 한다. 주님의 양무리를 위임 받은 목사는 첫째로 성령으로부터 오는 그리스도의 위임이요(요 21:15-17, 마 16:16-19), 둘째는 세례교인 2/3 이상의 찬성투표에 의한 만인 제사장직의 대리적 위임으로 보아야 할 것이다. 그런 의미에서 교사도 그리스도의 삼직(왕, 제사장, 선지자)에 대한 기능적 역할을 가지고 있으며, 목자로서의 사명을 다해야 한다"고 말한다.51) 또한 교회학교 교사들은 하나님께서 직접 세우신 자리라고 할 때 교회학교 교사 자신들의 영적인 자부심과 함께 천직(Calling)이라는 소명 의식을 결코 망각해서는 안 될 것이다.

2. 삼위 하나님 : 목양교사의 원리와 실천의 기초

(1) 근원적 교사이신 하나님

로버트 파즈미뇨는 삼위 하나님께서 그리스도인들에게 궁극적인 교

---

50) 노르만 E. 하퍼, *제자훈련을 통한 현대기독교 교육*, 이승구 역(서울: 정음출판사, 1987), 153-78.
51) 정일웅, *교육 목회학*(서울: 솔로몬, 1993), 119.

사로서 영원토록 사역하시며, 교회교육과 목양교사의 원리와 모범이 되신다고 말한다.52) 피터 핫지슨은 기독교 신앙은 하나님이 예수 그리스도 가운데 그리고 성령님을 향한 계속적인 계시 가운데 가장 경이롭게 나타나셨음을 주장하고 있다.53)

성경은 삼위일체 하나님이 우리의 궁극적인 교사이심을 증언한다. 욥의 친구 엘리후는 욥을 향해 "하나님은 그의 권능으로 높이 계시나니 누가 그같이 교훈을 베풀겠느냐?"(욥 36:22)라고 질문하며, 하나님은 그 누구와도 비교할 수 없는 탁월한 교사이심을 지적한다. 온 세상이 창조된 이래 성삼위 하나님은 인생을 가르치셨다. 하나님은 이 시대와 또 앞으로 올 모든 시대에 있어 우리의 교사이시다.54)

하나님이 우리와 모든 피조물들을 위하신다는 기독교의 가르침은 기독교 신앙 교육의 기초와 환경을 마련시켜 준다. 기독교 교육의 기초와 환경은 우리를 위하시는 하나님이란 기독교 신앙에 근거한다. 하나님이 우리를 위하시기 때문에 (1) 다른 사람을 위해 위험을 감수한다. (2) 사랑 안에 있는 진리 즉 탐구되고 공유된 기독교 진리를 가르쳐야 한다. 그 진리는 ① 죄의 결과로 죽음과 파멸에 이르는 존재들이라는 것 ② 하나님은 사람을 위하시는 분이며 ③ 사랑하는 분이며 ④ 우리와 함께하신 분이신데 주님으로서 뿐만 아니라 아버지로서, 형제로서, 친구로서 우리의 하나님이 되심을 가르쳐 준다.

---

52) 로버트 W. 파즈미뇨, *교사이신 하나님*, 조혜정 역(서울: 크리스챤출판사, 2005), 8.
53) Peter C. Hodgson, *God's Wisdom : Toward a Theology of Education* (Louisville: Westminster/John Knox, 1999), 123.
54) 로버트 W. 파즈미뇨, op. cit., 2-8.

하나님이 우리를 위하신다는 사실은 성부 하나님께서 예수님을 우리 모두를 위해 주셨다는 말로 명확하게 계시되어진다. 요한복음 3장 16절은 하나님의 사랑의 깊이를 정확하게 지적하고 있다. 놀라운 하나님의 사랑과 보살핌의 확장은 우리의 교육적 사역을 통하여 다른 이들을 위한 우리의 보살핌의 기초가 된다. 하나님의 사랑과 돌보심의 범위를 묘사하고 있는 또 다른 성경구절은 로마서 8장 31-39절이다. 하나님의 사랑이 미치는 범위에 대한 바울의 묘사는 가르침 안에 확장된 다른 사람들을 보살피는 일을 이해하기 위한 기초를 제공한다. 그리스도의 사랑을 기독교 교육자들은 사역의 표준으로 삼아야 한다.

우리를 위하시는 삼위일체 하나님의 생명은 성부 하나님이 세상을 사랑하여 성자 예수님을 이 땅에 보내시고, 성부와 성자 하나님이 함께 성령을 보내신 충만한 사랑의 표현 속에 나타난다. 우리를 위하시는 하나님 아버지는 예수 그리스도의 인격과 사역 그리고 그분이 이 땅에서 승천하심으로 오순절에 성령님의 오심으로부터 결코 분리되어질 수 없다(행 1장, 2장). 로마서 5장 5절에 "소망이 우리를 부끄럽게 하지 아니함은 우리에게 주신 성령으로 말미암아 하나님의 사랑이 우리 마음에 부은 바 됨이니"라고 하신 말씀은 성자와 함께 모든 것을 우리에게 주신 성부 하나님의 약속을 성취하고 있는 것이다(롬 8:32). 우리를 위하시는 하나님은 가르치는 교사로서 최고 모델이시다. 우리를 위하시는 하나님은 인간과 세상과 모든 피조물들의 구원이라는 하나님의 사역을 이루신다. 하나님의 구원계획 중심에는 하나님이 인간을 찾아오시는 관계가 자리 잡고 있다. 우리를 위하여 의도된 풍성한 삶은 삼위일체의 삶에 가장 분명하고 영광스럽게 계시되어 있다.

삼위일체 하나님은 우리들의 관계를 주도하시는 분이시다. 우리를 위하시는 하나님의 존재는 기독교의 모든 사랑과 돌봄 사역의 중심에 있다. 우리의 궁극적 교사로서 하나님은 삼위일체로 자신을 계시하심으로써 특별히 우리를 가르치신다.

(2) 위대한 교사이신 예수님

성령으로 충만하신 하나님의 사랑하는 아들로서 예수님은 모든 시대와 환경 가운데 기독교 교사들을 위한 탁월한 모델이시다.[55] 예수님은 가장 탁월한 교사이다. 예수님의 가르침의 목적은 인간을 구원하도록 하기 위한 말씀의 선포였으며, 그 가르침은 예수님 사역의 가장 중요한 부분이라 할 수 있다.[56]

교사이신 예수님의 교수 특성은 다음과 같다. ① 예수님은 무엇보다 4가지 요소들(동기부여, 변화, 참여 그리고 시각화)을 사용하셔서 청중들의 흥미를 일으키셨다.[57] 예수님은 청중들의 흥미를 지속시키며 그들의 배움에 도움이 되는 정신적, 육체적 활동을 사용하셨다. ② 예수님은 다양한 교수법을 사용하시는데 탁월하셨다.[58] 그분은 강의, 토론, 질문, 응답, 간단한 진술, 대화 혹은 문답, 이야기나 비유, 논의, 예증,

---
55) Ibid., 72.
56) 박명홍, 교사, 성공적인 가르침의 열쇠(서울: 은혜출판사, 1996), 173.
57) 로이 B. 주크, 예수님의 티칭 스타일, 송원준 역(서울: 디모데, 2000), 238.
58) Ibid., 250.

인용, 경구, 도전, 훈계, 설명, 어려운 문제, 논쟁 그리고 심지어 침묵도 사용하시면서 하나님의 진리를 전파하셨다. ③ 예수님은 여러 가지 그림 같은 표현들을 사용하셔서 가르치셨다.59) 이렇게 하신 이유는 듣는 이들의 관심을 집중시키고, 예수님이 하신 말씀을 되새기도록 부추기며, 하신 말씀을 기억하도록 돕기 위한 것이다. 예수님의 회화적인 표현에는 여러 가지 비유법이 포함된다. 이렇게 많은 비유법과 수사적 기법들은 예수님께서 세상에서 가장 탁월하신 교사이신 이유를 이해하는 데 도움을 준다. ④ 예수님은 질문을 효과적으로 사용하신다.60) 복음서는 예수님이 했던 질문들로 반짝인다. 예수님은 질의/응답 방법을 빈번하게 사용하셔서, 가르침이 흥미롭고 생동력이 있으며 영혼을 일깨워 주는 것이 되었다.

김희자는 예수님의 교수 특성을 이렇게 정리하였다.61) ① 현실 상황에서 가르침을 시작하셨다. ② 배우는 사람으로 하여금 스스로 진리를 발견할 수 있도록 가르치셨다. ③ 배우는 사람들이 배울 수 있는 순간들을 잘 활용하셨다. ④ 배우는 사람이 자신이 배운 것을 실천할 수 있는 기회를 제공해 주셨다.

마가복음 1장은 예수님께서 행하신 중요한 네 가지 사역을 보여 준다.

첫째는 기도하는 것이다. "새벽 오히려 미명에 예수께서 일어나 나가 한적한 곳으로 가사 거기서 기도하시더니"(막 1:35). 기도는

---

59) Ibid., 279-80.
60) Ibid., 366-68.
61) 김희자, *기독교 어린이 교육*(서울: 대한예수교장로회 총회, 2003), 97.

예수님이 항상 하시는 일과 중의 하나였다. 예수님은 어떤 일을 시작하기 전에 기도하셨다. 누가는 예수님이 습관적으로 기도하셨음을 보여 준다. "예수께서 … 습관을 좇아 감람산에 가시매 그 곳에 이르러… 무릎을 꿇고 기도하여 가라사대 … "(눅 22:39-41). 예수님은 기도를 통하여 사역의 힘을 얻었고 그뿐 아니라 기도 그 자체가 예수님 사역의 한 부분이었다.

둘째는 복음을 전파하는 것이다. "요한이 잡힌 후 예수께서 갈릴리에 오셔서 하나님의 복음을 전파하여 가라사대 때가 찾고 하나님의 나라가 가까웠으니 회개하고 복음을 믿으라 하시더라"(막 1:14-15). 이 말씀은 복음을 전파하는 것이 예수님의 사역 중에 중요한 핵심이었음을 알려 주고 있다. 이른 새벽 기도하는 자리에 제자들이 찾았을 때에 예수님은 "이르시되 우리가 다른 가까운 마을들로 가자 거기서도 전도하리니 내가 이를 위하여 왔노라 하시고, 이에 온 갈릴리에 다니시며 그들의 여러 회당에서 전도하시고 또 귀신들을 내쫓으시더라"(막 1:38-39).

셋째는 제자를 교육하는 것, 곧 가르치는 것이다. "저희가 가버나움에 들어가니라 예수께서 곧 안식일에 회당에 들어가 가르치시매 뭇사람이 그의 교훈에 놀라니 이는 그 가르치시는 것이 권세 있는 자와 같고 서기관들 같지 아니함일러라"(막 1:21-22). 예수님은 인간을 구원하는 목적으로 가르치셨다. 예수님의 교수법은 탁월하여 어떻게 가르치는 것이 가장 효과적이며 성경적인지 알 수 있다. 예수님은 이미 사람들이 알고 있는 비유나 예화를 사용한다. 배우는 사람으로 하여금 스스로 진리를 발견하도록 지도한다. 예수님은 배우는 사람이 배울 수 있는 기회들을 잘 활용하셨고, 자신이 배운 것을 실천할 기회를 제공하셨다. 그 결과 가르침을 받은 자들로부터 권세 있는 가르침이라는 탄성이 터져 나왔다.

넷째는 병자를 고치는 것이다. "회당에서 나와 곧 야고보와 요한과 함께 시몬과 안드레의 집에 들어가시니, 시몬의 장모가 열병으로 누워 있는지라 사람들이 곧 그 여자에 대하여 예수께 여짜온대, 나아가사 그 손을 잡아 일으키시니 열병이 떠나고 여자가 그들에게 수종드니라"(막 1:29-31). 안식일에 회당 사역을 마친 예수님은 베드로의 집을 심방하였고 열병을 앓던 장모를 고치셨다. 이 소문이 온 마을에 퍼지므로 각색 병든 자들이 예수님을 찾아와 고침 받았다. 예수님은 인생들의 영적인 필요만 채우신 것이 아니다. 그들의 육적이고 현실적인 필요까지도 채워주신 것을 알 수 있다.

위에 기술한 예수님의 네 가지 사역들은 오늘 교회사역이 어떠해야 함을 보여 주는 것이다. 예수님의 네 가지 사역들 중에 눈길이 더 가는 사역은 제자를 교육하시고 가르치시는 사역이다. 예수님에게 가르치는 사역은 그 무엇보다도 중요하다. 이 사실을 예수님의 호칭에서 볼 수 있다. 바클리와 테일러는 예수님께 42가지의 이름과 명칭이 있다고 한다.[62] 예수님에 대한 호칭 중에서 두 개 이상의 복음서에 나타나는

---

[62] 로이 B. 주크, op. cit., 30.

것은 모두 28개가 있는데 그 중 '선생'이라고 번역되는 것은 '예수님'(615번 등장)과 '주님'(191번 등장), 그리고 '인자'(80번 등장)에 이어 네 번째로 많은 횟수를 보인다.

'선생'이라는 말이 복음서에서는 42회나 사용되었다. 그리고 예수님께서 '가르친다'고 표현하는 곳도 47회[63]나 된다. 예수님 자신도 '선생'이라고 불리우는 것을 반대하지 않으셨다. 심지어 예수님을 배척한 사람들조차도 예수님을 '선생'으로 부르는 데는 반대하지 않았다. 사두개인도 심지어 바리새인도 예수님을 '선생'이라 불렀고, 한밤 중에 찾아온 니고데모 역시 예수님에게 "랍비여, 우리가 당신은 하나님께로서 오신 선생인 줄 아나이다"(요 3:2)라고 하였다. 메이어(F. Mayer)는 "교육에 미친 예수님의 영향은 지대하다 … 그의 목적은 지울 수가 없다"[64] 고 하였으며, 유대교 사전도 "기독교인이 아닌 사람까지도 예수님은 위대하고 현명한 선생이었다고 인정한다. 그는 지금까지의 그 누구보다도 인간사에 미친 영향이 큰 분이시다"[65]고 하였다. 그 이유는 아마도 예수님이 가졌던 가르침의 권세 때문이라 할 수 있다. 예수님의 가르침은 당시의 교사들인 서기관들이나 바리새인들과는 달리 '권세' 곧 '권위'가 있었다(막 1:22). 산상수훈을 마치고 산을

---

63) Matt Friedeman, *The Master Plan of Teaching*(Wheaten, IL. Victor Books, 1990), 15; Kenneth O. Gangel & Howard G. Hendricks, *The Christian Educator's Handbook on Teaching*(Wheaton. IL. Victor Books, 1988), 13에서는 'Teacher'로 불리운 것이 45회라고 말한다.
64) Frederick Mayer, *A History of Educational Thought*(Columbus Oh : Charles E. Merrill, Inc, 1966), 16, 125, 129.
65) *Encyclopedia Judaica, 16 Vols*(New York : Macmillan, 1972), "Jesus", quoted in Ibid.

내려올 때 예수님의 가르침을 받은 사람들은 예수님을 교사 중의 교사, 최고의 교사로 인정하였다.

예수님의 완전한 성품, 섬김의 삶, 가르침의 모본, 성경 지식과 인간성의 이해 그리고 교수방법과 절차에의 숙달이라는 점에서 볼 때 예수님은 '위대한 교사'이시며 교사된 우리의 완벽한 모델이시다. 그러므로 예수님의 가르침에 목적을 살피는 것은 분부한 모든 것을 가르쳐야 하는 교사들에게는 의미가 있고 중요하다.

(3) 내재한 교사이신 성령님

우리 안에 계시는 성령 하나님은 그분의 인격과 사역을 통하여 우리의 삶과 사역의 모든 국면에서 인도하시고 가르치시고 변화시키시는 교사이시다. 내재한 교사이신 성령님은 목양교사의 교육 사역의 전 과정, 준비, 훈련 그리고 평가에 참여하시며, 학생들의 육신과 영혼이 변화되도록 배움의 과정을 촉진시키신다.[66]

위대한 교사이신 예수님이 지상을 떠남과 동시에 그의 제자들은 그들의 사역을 인도하고 지도하시는 성령님(요 16:13)을 의존하게 되었다. 성령님은 과거에도 계셨고 현재에도 임재하셔서 권위로 가르치시고 선포하는 교회의 사역들을 떠받쳐 주신다. 성령님은 그리스도를 증거하시며 성경의 저자들에게 영감을 주신다. 성령님은 성경 말씀을 이해하고 가르치기를 추구하는 사람들의 마음과 생각을 조명하신다.

---

66) 로버트 W. 파즈미뇨, op. cit., 113.

성령님은 하나님의 진리를 지키기 위해 싸움을 하며 그 발견한 것을 다른 이들과 함께 나누도록 그리스도인들을 도우시는 약속된 교사이시다. 예수님은 사람들이 제자를 삼아 예수님 자신이 가르치신 모든 것을 가르쳐야 하는 계속적인 사역이 가능하도록 진리의 성령님을 따르는 이들에게 보내주실 것을 약속하셨다(요 14:26; 15:26; 16:7, 마 28:18-20). 그리스도의 영은 예수의 추종자들에게 성장하는 세대들이 믿음으로 살아가도록 양육되는데 필요한 것을 계시하신다.

오늘날 효과적인 가르침과 배움을 위해서 성령님의 계속적인 임재와 사역이 필요하다. 가르침은 성령님을 통하여 기독교 교회에 부여한 선물들 가운데 하나로 묘사된다(롬 12:3-8, 고전 12:27-31, 엡 4:7-13, 벧전 4:10-11). 가르침은 성령님에게서 주어지고 성령님으로 동기부여된 은사이다. 그것은 또한 가르침의 과정 가운데 교사가 계속적으로 성령님에 의해 인도되고 충만케 되어야 할 것을 요구한다(엡 4:29-32; 5:15-20). 하나님께서는 우리의 가르침 사역에서 다른 사람들을 돌보아야 하는 사랑이 필요하기에 우리의 심령 안에 있는 그리스도의 사랑의 근원으로서 성령님을 공급해 주신다.

영적인 교사는 주님의 영이 그 안에 들어와 사시는 사람이다. 성령님은 개종과 성화와 교화와 선교의 변화과정들을 지휘하신다. 하나님의 영은 우리가 최선의 노력을 다함에도 불구하고 변화가 명확하지 않거나 가능해 보이지 않을 때에도 은혜롭게 일하신다. 피터 핫지슨은 하나님의 영의 가르치는 사역을 다음과 같이 설명하였다.

하나님께서 '교육하거나' '잠재된 능력을 끌어내는 것'을 통하여 인간의 영혼이 그 가능성의 가장 넓은 영역 가운데 도달하도록 가르치신다. 성령과 인간 영혼의 상호작용을 통하여 이 가능성이 실제로 이루어지게 되며 이상이 현실이 되며 진리는 알려지게 되며 아름다움은 그 모양을 나타내게 되며 선한 일들은 실천으로 들어가게 되는 것이다. 이것이 바로 하나님의 영이 하시는 역사이다.[67]

(4) 요약

삼위일체는 모든 차원에서 기독교 교육을 체계화하는 원리와 주제로서의 역할을 감당하고 있다. 조직 신학자 넬스 페레는 "기독교 교육을 위한 신학"에서 교육자로서의 성부 하나님, 모본으로서의 성자 예수님, 그리고 가정교사로서 성령 하나님으로 삼위일체 모델을 설명하였다.[68]

모든 인간의 궁극적인 교사이신 하나님은 기독교 교육의 가장 본질적인 출발점이 된다. 성부 하나님은 창조주이시며 창조의 목적을 성자와 성령을 통해 가르치시고 이루시는 하나님이시다. 성부 하나님은 구원역사를 통하여 죄인을 온전히 변화시킨다. 또한 성자 하나님이신 예수님은 위대한 교사로서 모범이 된다. 예수님은 시공을 초월하여 가르침의 모델을 제공한다. 그리고 성령 하나님은 우리 안에 내재하셔서

---

67) Peter C. Hodgson, op. cit., 6-7.
68) 로버트 W. 파즈미뇨, op. cit., 11.

가르치고 인도하신다. 성령님은 우리에게 능력을 부여하셔서 가르치게 하신다.

요약하면 하나님은 우리의 궁극적인 교사로서 존재하고 일하시며, 과거와 현재와 미래를 통하여 가르치셨고, 지금도 가르치시며, 앞으로도 영원히 우리의 대 교사가 된다. 그러므로 하나님과 같은 교사는 어디에도 단연코 없다.

3. 성경에 나오는 목양교사의 모범

(1) 기도하는 교사_ 사무엘

사무엘은 "하나님께 구함" 혹은 "하나님이 지명하심"이란 의미이다.[69] 사무엘상 1장 1-8절은 사무엘의 가계를 다룬다. 사무엘의 부친은 엘가나로서 여로함의 아들, 엘리후의 손자, 도후의 증손, 숩의 현손이다. 역대상 6장 26-28, 33-38절에 엘가나는 레위의 자손으로 나타난다. 이 사실은 사무엘이 당시의 제사장이었던 엘리의 자손이 아니었음에도 엘리의 두 아들이 사망한 특수한 상황에서 제사장직을 수행할 수 있었던 근거가 된다. 사무엘의 가계를 상세히 밝히는 것은 사무엘이 구속사적으로나 이스라엘 역사에서 매우 중요한 역할을 수행할 자임을 시사하고 있다.[70]

---

69) 랄프 W. 클레인, *사무엘상*, WBC 성경주석, 김경열 역(서울: 도서출판 솔로몬, 2004), 50.
70) 한성천, 김시열, *옥스퍼드 원어성경대전, 사무엘상 제1-10장*(서울: 제자원, 2002), 42.

그는 어머니 한나의 기도 응답으로 태어났다. 마침내 한나가 아들을 낳고 그의 이름을 '사무엘'로 지었다. 아이의 이름의 의미가 '하나님으로부터' 아이를 구해서 얻었음을 보여 준다. 한나는 아이의 이름을 지으며 그 이름 속에 이 아이가 기도를 통하여 얻은 하나님의 선물이라는 감사의 의미를 압축적으로 담았다.

사무엘상 2장 1-11절에 한나의 노래는 자신의 개인적 고민을 해결하신 것에 대한 감사를 넘어 전 구속사의 일들을 예언적으로 노래하고 있다는 점에서 매우 큰 의의를 지닌다. 이는 궁극적으로 하나님의 기름부음을 받은 자로서 하나님의 마음에 합한 왕인 메시아 곧 예수 그리스도에 의해 하나님의 나라가 건설될 것임을 예언한 것이기도 하다.[71]

하나님은 어린 사무엘을 하나님을 위한 선지자 즉 "하나님의 대언자, 선견자, 파수꾼"으로 부르셨다. 태어날 때부터 사무엘은 레위인이었고, 여호와께서는 그에게 제사장의 직분을 맡겨주셨다. 그는 직무상으로 모세와 아론의 계열에 있었다. 제사장으로서 그가 행한 일은 희생의 번제(삼상 7:9-10), 그의 백성을 위한 기도(삼상 7:9), 왕들에게 기름을 붓는(삼상 10:1; 16:13) 역할이다. 사무엘상 7장은 사무엘을 분명하게 선지자, 제사장, 사사와 동일시하고 있다.[72]

사무엘은 중보자이다. 사무엘상 7장 5절에 사무엘이 말하기를 "내가 너희를 위하여 여호와께 기도하리라". '내가 … 기도하리라'에 해

---

71) Ibid., 42-3.
72) 알란 스트링펠로우, 인물별 성경연구, 두란노출판부 편집 역(서울: 두란노, 1994), 83.

당하는 '웨에트팔렐'의 원형 '팔랄'은 보통 '중재하다(Intervene)'라는 의미를 가진다. 본문처럼 재귀형(Hithpael)으로 사용될 경우에는 '기도하다'는 의미를 가지는데 보통 '중보기도'와 관련되어 사용된다(삼상 1:27; 2:1. 한나의 기도). 사무엘의 기도가 중보의 성격이 있다는 사실은 사무엘상 19장 29절에서도 나타나고, 사무엘을 중보자로 인정하는 말씀은 성경 다른 곳에서도 나타난다(렘 15:1, 시 99:6).[73]

아이를 낳지 못하던 여인이 기도를 통해 얻은 그 아이는 성장하여 결국 이스라엘 민족을 위한 거룩한 중보기도자가 된 것이다(삼상 12:18-23). 사무엘은 중보자로서 기도하는 목양교사의 표본이다.

(2) 전도하는 교사_ 바울

기독교의 극악한 반대자였던 바울은 하나님의 은혜로 변화되어 기독교의 위대한 대변자요 전도자가 되었다. 그는 개척 선교사요, 사명을 받은 사도요, 열심 있는 전도자요, 정열적인 교회 개척자요, 다작을 남긴 저자요, 통찰력 있는 신학자요, 든든한 변증인이요, 역동적인 설교자요, 온화한 마음을 지닌 목회자요, 마음을 움직이는 교사로 하나님을 섬겼다.[74]

바울은 특별한 배경을 갖고 태어났다. 그는 로마 시민권을 가지고 있는 유대인이며, 베냐민 지파에 속한 바리새인이었다. 그는 예루살렘에서 엄격한 종교적 훈련을 받았고, 언약관계의 한 부분으로 할례를

---

73) 한성천, 김시열, op. cit., 442.
74) 로이 B. 주크, 『바울의 티칭 스타일』, 김태한 역 (서울: 도서출판 디모데, 2002), 13.

받았다. 그는 천막을 제조하는 직업을 가지고 있었고, 그의 모든 배경은 그의 전 생애를 통하여 큰 영향을 주었다.[75]

유대교에 심취한 바울은 유대교 신앙을 거스르는 기독교인들을 잡고 핍박하고 죽이는 일에 가담하는 것이 자신의 사명이라 생각했다. 바울은 기독교인들을 잡아오기 위하여 다메섹으로 가다가 하늘로부터 비취는 찬란한 빛과 음성으로 찾아오신 주님을 만났다. 주님은 바울을 아나니아에게 보냈으며 바울은 사도로서의 그의 사역을 시작했다. 사도행전 9장 15절 "주께서 이르시되 가라 이 사람은 내 이름을 이방인과 임금들과 이스라엘 자손들에게 전하기 위하여 택한 나의 그릇이라"고 했다. 장차 바울이 복음을 전하여야 할 대상들을 구체적으로 소개하고 있다.[76] 하나님께서는 가장 먼저 이방인을 언급하심으로써 그가 이방인의 사도가 될 것을 암시하셨다. 바울은 자신을 스스로 이방인의 사도로 지칭했다(롬 1:14, 갈 2:8, 엡 3:1).

두 번씩이나 바울은 '내가 전파하는 자(케릭스, Keryx)와 사도로 세움'을 입었다(딤전 2:7, 딤후 1:11)고 기록했다. 케릭스란 공적인 사건들을 공포하거나 좋은 소식을 선포하는 사람이다. 전하는 자에게 우선되는 자질은 그를 보낸 자의 신실한 대리인이 되거나 그의 말을 전하는 일이다. 전하는 자는 '장본인'이 아니다. 그가 전하는 메시지는 그의 것이 아니라 반드시 보낸 사람의 것이어야 했다.[77]

---

75) 한성천, 김시열, 옥스퍼드 원어성경대전, 사도행전 제8-14장(서울: 제자원, 2001), 111-12.
76) Ibid., 143-44.
77) 로이 B. 주크, op. cit., 35.

바울은 아주 총명했다. 그는 아덴의 아레오바고에서 헬라 철학자들에게 전도했다(행 17:19-32). 그는 예루살렘의 유대인에게는 유대인으로 처신하며, 아람어를 구사함으로써 그들의 관심을 확보했다(행 21:39-22:2). 그는 자기를 매질하려는 로마의 호송병에 대해서는 로마 시민으로 행동했다(행 22:27-28). 사도행전 23장에서 산헤드린 공회 앞에 나타나 당돌하게 대제사장을 모욕하고 재빠르게 사과함으로써 위기를 모면 했다. 일련의 과정을 통하여 바울은 그리스도인들 사이에서 믿을 만한 사람으로 알려지게 되었다.[78]

한편 바울은 이후에 많은 왕들 앞에서 복음을 증거하였다. 유대왕 아그립바(행 26장)와 로마 황제 가이사(딤후 4:16,17), 유대 총독 벨릭스(행 24:10-23)와 베스도(행 25장)에게 복음을 전했다. 뿐만 아니라 자신의 동족인 이스라엘 자손들에 대해서도 목숨을 바칠 각오로 복음을 전하였다(행 22:1-11, 롬 9:3). 바울은 예루살렘에 있는 동안 그가 이방인들에게 전도할 것을 환상 중에 보았다(행 22:17-21).

바울의 첫 번째 전도여행은 백성들을 찾아가서 교회를 세우는 것이었다(행 13:2-14:28). 그의 두 번째 전도여행은 복음전파와 아울러 교회를 설립하는 일이었다(행 15:36-18:22). 이 여행의 결과로 유럽에 기독교가 전파되었다. 세 번째 바울의 전도여행(행 18:23-21:14)은 갈라디아교회를 들러 에베소에 간 것이다. 그는 수차례에 걸쳐 예루살렘으로 가지 말라는 말씀을 들었으나 예루살렘으로 올라가므로 그의 전도여행을 끝마치게 되었다.

---

[78] 마크 데버, *신약성경의 핵심 메시지*, 김귀탁 역(서울:부흥과개혁사, 2008), 208.

바울은 예루살렘에서 붙잡혔지만 복음을 변증했다. 그리고 그는 로마에 보내졌다(행 27-28장). 주님은 그에게 로마에서 자신을 증거할 것을 말씀하셨다(행 23:11). 바울은 '이 세상의 지혜'(고전 1:20)와 '하나님의 지혜'(고전 1:20-21)를 대조하고, 자신의 복음전도는 '말이나 지혜의 아름다운 것'(고전 2:1)이나 '설득력 있는 지혜의 말로'(고전 2:4) 된 것이 아님을 천명한다. '말이나 지혜 그리고 지혜의 말'은 전달하려는 메시지와 이를 설득하기 위한 방법을 통칭하는 것으로 설명할 수 있다. 바울은 자신이 전한 복음은 수사학적인 장치나 표현, 또는 철학적 논리에 의지하지 않았다고 주장한다.[79] 바울은 자신이 복음을 전하는 자임을 재천명(고전 1:17)한 후, 자신이 전하는 복음의 내용을 설명하며 십자가의 도를 강조한다. 십자가의 도는 하나님의 지혜이며 구원의 능력이다.[80]

바울은 복음전도에 앞장선 목양교사로서 이렇게 말한다. 고린도전서 9장 16절 "내가 복음을 전할지라도 자랑할 것이 없음은 내가 부득불 할 일이라 만일 복음을 전하지 아니하면 내게 화가 있을 것이로다". 디모데후서 4장 2절 "너는 말씀을 전파하라 때를 얻든지 못 얻든지 항상 힘쓰라 범사에 오래 참음과 가르침으로 경책하며 경계하며 권하라".

바울은 생명보다 복음전도가 더 중요하다는 사실(행 20:24)을 삶으로 보여 주는 목양교사이다.

---

79) 이상목, "하나님의 영 그리고 하나님의 영을 받은 사람들(고린도교회의 정황과 고린도전서 2:10-16)," 신약연구, 제14권(2015. 4): 493-96.
80) Ibid., 510.

(3) 양육하는 교사_ 아볼로

아볼로가 태어난 알렉산드리아는 애굽의 삼각주 나일강 하류에 위치한 항구 도시이다. 이 도시는 역사적으로나 정치적으로나 종교적으로 결코 손색이 없는 도시로서 명성을 유지할 만큼 대도시였다. 이러한 지명도는 특히 종교와 철학과 학문의 중심지로 그 도시의 명성에 힘을 더해 주었다. 즉 누군가가 알렉산드리아 태생이라는 말은 결국 그 당사자가 학문적인 훈련을 제대로 받았음을 의미했다.[81]

아볼로는 이 도시에서 태어나서 공부를 많이 한 사람이다. 당시 세상 학문은 철학이었다. 아볼로는 철학뿐만 아니라 성경에도 능한 자다. 그는 성경을 잘 알 뿐 아니라 이해를 잘하여 정확하게 해석할 줄 알았다. 여기에 더하여 열심으로 성경을 연구한 사람이다. 언제라도 성경을 자유자재로 가르칠 수 있을 만큼 성경에 능한 자였다. 사도행전 18장 24절 "알렉산드리아에서 난 아볼로라 하는 유대인이 에베소에 이르니 이 사람은 언변이 좋고 성경에 능통한 자라".

아볼로는 박식함과 열심을 조화시키고 있었다. 그는 비록 유대인이기는 했지만 수사학의 소유자로 선포와 가르침에 탁월한 능력을 갖춘 교사였다(행 18:26).[82]

고린도전서 3장 4절에 "어떤 이는 말하되 나는 바울에게라 하고 다

---

81) 윤철원, "알렉산드리아의 아볼로에 대한 새로운 읽기," 『신약논단』 제3권(1997. 12) : 1-2.
82) 존 스토트, 『사도행전 강해』, BST시리즈, 정옥배 역(서울: 한국기독학생회출판부, 1992), 359.

른 이는 나는 아볼로에게라 하니". 고린도 교인들 중에 아볼로처럼 성경에 능하여 가르치기를 잘하는 사람이 없을 정도였다. 고린도전서 4장 6절 "형제들아 내가 너희를 위하여 이 일에 나와 아볼로를 들어서 본을 보였으니 이는 너희로 하여금 기록한 말씀 밖으로 넘어가지 말라 한 것을 우리에게서 배워 서로 대적하여 교만한 마음을 가지지 말게 하려 함이라".

바울은 아볼로를 본으로 삼고 있다. 아볼로는 기록된 말씀 밖에 넘어가지 않으므로 건전한 신앙을 가르치는 자였다.[83] 뿐만 아니라 아볼로는 가는 곳마다 믿는 자들에게 많은 유익을 주었다(행 18:27).

아볼로는 요한의 세례만 알았고 브리스길라와 아굴라를 통하여 복음의 진수를 배운 결과 인간 아볼로 자체가 완전히 새 사람으로 바뀌었고, 성경보다도 구전에 익숙했던 유대인들에게 예수가 바로 그리스도라는 사실을 명백히 증거할 수 있었으며, 이러한 것들이 고린도교회의 형제들을 깊이 있는 믿음으로 자라게 하는 데 큰 도움이 되었다.[84] 사도행전 18장 28절 '성경으로써'의 '디아 톤 그라폰'은 직역하면 '성경을 가지고'이다. 수단 매개 방법을 나타낼 때 사용되는 전치사 '디아'는 아볼로가 증거한 모든 내용의 근간이 바로 성경이었음을 명백히 보여 준다. 아볼로는 아가야의 고린도에서 세상적인 학문이나 지식을 근간으로 가르침을 편 것이 아니라 '예수는 그리스도다'라는 성경의

---

83) 윤희주, *알기 쉬운 성경강해 사도행전, 하*(서울: 보문출판사, 1999), 26-44.
84) 한성천, 김시열, *사도행전 제 15-21a장*, 옥스퍼드 원어성경대전(서울: 제자원, 2004), 387-94.

가르침을 풀어서 유대인들을 가르치고 또 그것으로 그들을 이겼던 것이다.

에베소교회는 아볼로 같은 분이 말씀을 가르쳤고 또 바울 사도가 와서 말씀으로 양육했기 때문에 제자를 상당수 키웠음을 알 수 있다. 그러므로 아볼로는 양육하는 목양교사이다.

(4) 심방하는 교사_ 바나바

사도행전 4장 32-35절에는 초대교회 성도들이 박해 가운데서도 자신의 소유를 유무상통하는 아름다운 모습이 소개되었다. 그리고 이어서 초대교회의 대표적인 모습으로 구제와 선행을 행한 바나바를 소개하고 있다. 그의 본래 이름은 요셉이었으나 복음을 접한 뒤 교회 안팎에서 봉사하던 그의 성품을 보고 사도들이 바나바라고 부르기 시작하며 그 이름으로 알려졌다(행 4:36). 바나바는 아들이라는 뜻의 '바'와 예언, 권면, 위로 등을 뜻하는 명사가 합쳐진 이름이다. 바나바는 사도들이 붙여준 그의 별명으로 '예언의 아들'(고전 14:3)이지만 누가는 '권위자'로 해석하였다. 여기서 '권위자'에 해당하는 '휘오스 파라클레세오스'는 '위로(권면)의 아들'이라는 뜻이다(고후 1:3, 히 13:22).[85]

레위족 태생인 바나바는 해외동포였다. 성경은 그가 레위인이라는 사실 외에 마가가 그의 조카였고 예루살렘교회의 탄생지가 된 마가의

---

85) 한성천, 김시열, 사도행전 제1-7장, 옥스퍼드 원어성경대전(서울: 제자원, 2001), 2001), 393.

다락방을 소유한 마가의 부모님이 관련된다면 초대교회 예루살렘의 유력가와 관련되어 있다고 할 수 있다. 바클레이는 바나바를 '그 교회에서 가장 관대한 마음을 가진 사람'이라고 불렀다(행 4:32-37).[86] 복음 확장에 대하여 그의 넓은 관대함은 그의 신앙의 성품을 말해준다. 그는 사도들의 사역을 돕기 위하여 그가 소유한 모든 것을 기꺼이 내어 놓았다(행 4:36-37).

그러나 그의 가장 큰 장점은 그의 이름(위로의 아들) 속에 감춰져 있다. 바나바는 바울이 주님을 만난 후 어느 회당에 들어가 유대인들에게 복음을 전하자 그들이 바울을 죽이려고 달려든 적이 있었다. 겨우 피신한 바울이 곧장 예루살렘에 상경하여 사도들을 만나려 했으나 면담의 기회조차 얻지를 못했다. 이때 사도들을 직접 찾아다니며 바울의 회심과 그의 믿음이 진실함을 알려 바울로 하여금 복음사역의 일원이 되는 전기를 마련한 사람이 바나바였다(행 9:26-27).[87] 사도들은 바울의 과거, 즉 교회를 핍박하던 모습을 회상하며 두려워하고 그와 대면하길 꺼렸지만 바나바는 바울에게서 하나님의 원대한 계획과 복음의 열매를 놓치지 않았다. 바나바는 다른 이들과 달리, 바울을 부르신 주님의 계획을 이해하고 바울의 가치를 확인한 사람이다.

또한 바나바는 바울에게 자신과 동역해 줄 것을 처음으로 요청한 사람이다. 바나바야말로 바울의 최고의 멘토였다(행 11:22-24). 바나바는

---

86) William, Barcly, *The Acts of the Apostles, in The Daily Study Bible* (Edinburgh: St Andrew Press, 1953; 2nd edition, 1955), 95.
87) 윤석길, "권면과 위로의 사역자 바나바(사도행전 11:19-26)" 활천, 제634권 (2006. 9) . 38-40.

안디옥교회로 보냄을 받았다(행 11:19-23). 스데반의 순교로 인하여 흩어진 자들이 복음을 전하여 안디옥에 교회가 세워졌다. 예루살렘교회는 바나바를 안디옥에 보냈고, 바나바는 새로운 신자들을 믿음에 굳게 서도록 권고와 용기를 주었다(행 11:23). 바나바는 안디옥 안에서 일어나는 성령의 역사에 영적으로 보조를 맞추기 위하여 한 사람을 찾았다. 사도행전 11장 25절 "바나바가 사울을 찾으러 다소에 가서" 여기서 '찾으러'에 해당하는 '아나제테사이'의 원형 '아나제테오'는 철저하게 '파헤치다', '애써 찾다'라는 뜻이다.[88] 바나바가 찾은 그 사람은 바울이었다. 바울을 찾으려는 바나바의 마음이 얼마나 간절했는지 잘 드러나 있다. 바나바는 직접 바울을 찾으러 거리가 멀리 떨어져 있음에도 다소까지 간 것이다. 그리하여 바나바는 바울을 찾아서 안디옥으로 데려왔다. 두 사람이 안디옥에서 일 년을 함께 목회했다.

바나바는 실수한 자나 자신과 입장이 다른 자에게 두 번째 기회 주는 것을 꺼리지 않았다.[89] 외면당하던 사역자 마가 요한을 북돋아 다시 전도자로 세운 사람도 바나바였다. 마가는 바울이 한때 극도로 싫어했던 인물이다. 마가는 1차 선교여행 시 일행을 버리고 중도에서 혼자 귀향한 석연찮은 행적(행 13:13) 때문에 바울은 당연히 2차 여행에 그를 대동치 않으려 했다. 마가 요한을 데려가는 문제로 바울과 바나바 사이에 심한 다툼이 생겼고 마침내 두 사람은 각기 독자행보를 걷는다. 바나바는 마가에게서 바울이 간과한 부분까지 놓치지 않았다. 이 결정

---

88) 한성천, 김시열, *사도행전 제8-14장*, 옥스퍼드 원어성경대전, op. cit., 371.
89) 윤석길, op. cit., 40-1.

이 후대에 바울 서신에 마가가 바울의 복음사역에 큰 도움이 되었다고 말한 점에서도 잘 드러난다(딤후 2:11). 바나바는 미숙했던 마가를 복음 전도의 좋은 협력자가 되도록 도왔던 인물이다. 마가의 경우도 자신을 이해하고 믿어주는 세상의 단 한 사람이 필요할 때 그의 옆에 기꺼이 서 준 고마운 이가 바로 바나바였다. 바나바는 이렇게 남을 격려하고 위로하는 아주 귀한 은사를 십분 활용하여 지친 일꾼을 회복시키고 주님의 일에는 풍성한 열매를 맺게 한 심방하는 목양교사이다.

제4장

교회학교 역사

— 교사를 중심으로 —

제4장

교회학교 역사

- 교사를 중심으로 -

1. 교회교육에 대한 성경적 고찰

(1) 구약 성경에 나타난 교사

우선 구약시대를 교육의 관점에서 시대적으로 구분한다면 바벨론 포로를 기점으로 전기와 후기로 나누고 있다. 이러한 시대 구분은 기독교 교육학자 루이스 쉐릴의 영향이 크다. 그는 출애굽부터 다윗 왕국과 남북 분열왕국 이후 바벨론에게 함락되고 유대인들이 포로로 끌려감으로써 예루살렘이 완전히 멸망한 BC 586년을 기점으로 그 이전을 히브리 민족의 교육기라 부른다. 그 이후부터 로마가 팔레스틴을 완전히 점령했던 A.D 70년까지를 유대인의 교육기로 명하였다.[90] 전

---

90) Lewis L. Sherrill, *The Rise of Christian Education* (New York: MaCmillan Co, 1944), 1.

자는 가정을 중심으로 후자는 회당을 중심으로 각각 신앙교육을 실시하였다.

1) 전기 이스라엘의 교육

초기 이스라엘 시대는 먼저 제도교육보다 일상생활 속의 생활교육이 중요시 되었다. 자연적으로 가정은 가장 중요한 교육의 현장이었고 부모는 교사였다. 성경에 나타난 교사는 구약 족장 시대의 신앙의 선조였던 노아, 아브라함, 이삭과 야곱 등을 꼽을 수 있지만, 출애굽 이후에 가나안 땅에 들어간 이스라엘 민족의 교사는 각 가정의 부모들이었다.[91] 히브리인 부모에게는 율법의 계명과 규례와 이스라엘 민족사에 관하여 자녀들을 가르치도록 명령이 주어졌다(출 12:26, 27, 신 4:9). 이에 대하여 이스라엘 백성들은 가르치는 일을 하나님의 뜻 실행하는 일 다음으로 가장 중요한 활동으로 고려하였던 것이다. 부모는 하나님의 선물인 자녀를 교육하는 제1차적인 교사가 되어 그들이 하나님의 말씀을 소중히 여기도록 가르치며 신령한 분위기로 자녀들에게 깊은 인상을 심어주게 되었다. 부모는 자녀들에게 하나님을 경외하도록 철저히 가르쳤다. 히브리 가정의 교육은 비형식적이며, 성경을 구전으로 가르쳤으며, 자녀들의 행동을 통제하는 엄격한 것이었다. 또 할례나 안식일, 유월절, 장막절에 참여시키는 등 종교의식을 가르침으로 하나님과의 관계를 자연스럽게 알게 하였다. 쉐마(Shema)를 가르치는 교육의 장은 가정이고, 부모는 자연스럽게 교사의 역할을 담당하였다.

---

91) 은준관, *기초교육*(서울: 대한기독교서회, 1988), 35.

이스라엘 가정에서의 쉐마는 이스라엘 민족의 신앙을 전수하고, 또 새로운 역사를 이어가도록 힘을 준 역사의 장이었다.

구약시대의 제사장들은 사무엘 시대에 나타난 선지학교에서 선지생도들을 가르쳤다. 레위 제사장들에 의한 교육은 레위기 10장 1-11절에서 처음으로 확인할 수 있다.[92] 레위 제사장들의 교육적 역할은 12지파에 대한 모세의 유언에서도 볼 수 있다(신 33:8-10). 모세는 레위 제사장들의 제의적 사역보다도 율법 교육을 먼저 언급하였다. 그 당시 선지학교에서는 신학, 이스라엘의 역사, 전통, 수학, 천문학, 음악과 시 등의 과목을 가르쳤다. 학생들은 졸업과 함께 선지자가 되어 탈무드를 기록하고 성경을 복사하는 서기관 노릇을 하기도 했다. 이들을 가르친 제사장들은 종교와 교육을 겸비한 최초의 공식 교사들이었다.[93] 레위 제사장들의 교육 전통은 포로 후기에도 고스란히 남아 있었다(스 7:25, 느 8:7-8). 제사장 신분의 에스라가 율법을 백성들에게 가르쳤고, 그와 함께한 레위 사람들은 율법을 해석하고 설명하는 일을 하였다. 레위 제사장들의 교육 전통은 말라기 2장 7-8절에서도 확인할 수 있다.[94]

이 시대에는 "지혜로운 자"로 일컬어졌던 현인들도 교사직을 수행하였다. 예를 들면 예레미야서 18장 18절이다. "그들이 말하기를 오라 우리가 꾀를 내어 예레미야를 치자 제사장에게서 율법이, 지혜로운 자에

---

92) http://dx.doi.org/10.17156/BT.75.02
    기동연, "구약시대의 공적인 형태의 신앙교육," 성경과 신학 제75호(2015. 4): 45.
93) 은순관, 주일교회학교 교사교육과정 기초교육(서울: 대한기독교시회, 1994), 35.
94) 기동연, op. cit., 47.

게서 책략이, 선지자에게서 말씀이 끊어지지 아니할 것이니 오라 우리가 혀로 그를 치고 그의 어떤 말에도 주의하지 말자 하나이다." 현인들은 명상적 삶을 통해서 삶에 대한 예리한 관찰과 통찰을 하여 수많은 지혜와 삶의 원리들을 발견한 사람들로서 그들의 이러한 지혜는 당시 통치자들만 아니라 일반 백성들을 가르치고 인도하는 역할을 하였다. 현인들의 가르침은 주로 개인적인 자문과 조언, 권면의 형태로 이루어졌으며, 그 가르침의 주된 내용은 지혜롭고 정직하며 진실하며 공의로운 행실을 권장하고 거짓과 부정과 교만과 불의 등을 배격하라는 것이었다. 현인들의 가르침은 단순한 삶의 올바른 처세나 지적인 깨달음에 머무르게 하려는 것이 아니다. 궁극적으로는 하나님을 경외하는 삶을 살도록 하기 위한 것이다. 그리하여 여호와를 경외하는 것이 지혜와 지식의 근본이라는 점이 거듭 강조되었다(잠 1:7, 29; 2:5; 9:10, 전 3:14; 12:13). 현인들의 가르침은 나중에 잠언 등의 형태로 기록되어 전해 내려오게 되었으며, 그러한 자료들은 오랜 세월 동안 많은 사람들에게 특히 다음세대들에게 없어서는 안 될 중요한 교육의 자료로 사용되었다.[95]

2) 후기 이스라엘의 교육

이스라엘 민족이 멸망한 원인 중 하나는 교육 내용의 세속화였다. 백성들은 하나님을 향하고 하나님이 계획하신 교육 목적을 따르는 일에 실패하였다. 앞에 세우신 선지자들도 이 일에 실패하였다. 이스라

---

95) 오인탁 외 10인 공저, *기독교 교육사*(서울: 기독한교, 2008), 35.

엘은 그들의 자녀가 하나님의 말씀을 듣도록 교육하는 데 실패한 것이다.[96]

이러한 실패의 역사를 교훈삼아 포로 귀환 이후의 이스라엘의 종교교육은 특별한 모습으로 발전하였다. 이때의 교육은 바벨론 포로로 끌려가기 이전처럼 가정이 중심이 되어 이루어졌다. 부모는 하나님 중심의 사고를 가지고 자녀를 교육하였다. 시편 127편 3-5절이 가정을 향한 그들의 기본적 자세였다. 히브리인의 가정은 하나님과의 언약적 입장에 있었고, 가정교육은 하나님의 뜻을 추구하는데 초점을 맞추었다. 그러나 이 시대의 중요한 변혁은 가정교육과 동시에 회당과 학교를 통하여 교육이 실시된 점이다.

먼저 회당에서 교육이 이루어졌다. 회당은 예배의 장소이지만 오늘의 교회당이나 성당 같은 예배당이 아니라 교육 기능을 수행하는 전문적인 교육기관이었다.[97] 즉 회당에서 예배를 주축으로 한 교육이 이루어졌다. 쉐마와 호미리(Homily)라고 불린 일종의 설교(Kerygma)와 교육(Didache)이 예배의 핵을 이루었으며 유대인들은 설교와 교육을 통하여 하나님의 말씀과 뜻을 식별하였다. 회당에서는 기도, 성경 낭독이 이루어졌고 특히 해설서를 가지고 했던 성경 해석 등은 오늘날의 기독교 교육의 원형이라고 할 수 있다. 회당에서 교사들은 일주일 내내 어린이들을 가르쳤다. 다섯 살부터 회당에서 교육을 받았고, 이스라엘 백성 열 가구가 모이면 회당 하나를 설립하였다. 이렇게 회당은

---

96) 하워드. W. 바이런, *A Christian approach to Education*(Milfod: Mott Media, Inc, 1977), 238-39.
97) 정웅섭, *기독교교육 개설: 수정. 증보판*(서울: 대한기독교교육협회, 1996), 20.

어린이교육은 물론이고 어른들의 교육센터가 되었다.98) 이 제도는 특히 에스라, 느헤미야(스 7:10, 25) 시절에 발달되었는데, 이러한 전문적인 교육 정신은 교사들을 사로잡았고 회당교육은 가정교육을 대치하기 시작하였다. 회당교육의 내용은 율법을 글자 그대로 암송하게 하는 것으로써 잠언 교육을 많이 하였다.

둘째, 회당교육에 이어 학교교육이 시작되었다. 학교교육을 위한 별개의 건물이 생기고 제도가 도입되어 새로운 형태의 교육이 학교를 중심으로 시작되었다. 이는 초등학교(Beth Hassepher, 책의 집), 중등교육(Beth Tal mud, 연구의 집), 그리고 랍비 양성을 위한 고등교육(Academy)으로 발전되었다. 또한 교육 전문가인 하잔(Hazzan, 회당에서 예배를 보좌하고 주간 동안에는 학교의 교사 역할을 수행하는 사람)과 소페림(Soferim, 서기관) 집단이 생기게 되었다. 학교교육은 회당 중심의 교육이 진행되다가 회당과는 별개의 건물과 제도가 생김으로 시작되었다.99)

구약성경 곳곳에는 일반 백성들을 대상으로 한 공적인 형태의 신앙교육을 보여 준다. 다양한 서기관들이 있었고 이들을 양성하는 교육기관의 가능성을 보여 준다(대상 2:55).100) 이들은 다양한 분야에서 활동하였다. 왕실 서기관(삼하 8:17, 왕하 19:2), 성전 서기관(대하 24:11), 군 지휘관의 서기관(렘 52:25), 군대 징집 서기관(왕하 25:19, 대하

---

98) C. B. Eavey, *History of Christion Education* (Chicago: Moody Press, 1964), 55.
99) 정정숙, *기독교교육사* (서울: 도서출판 베다니, 1997), 40-1.
100) 기동연, op. cit., 38.

26:11), 개인의 서기관(렘 36:26, 바룩)이다. 이들은 다양한 분야에서 활동하였고, 저술과 교육에도 참여하였다.[101] 지적으로 아는 것이 풍성했던 서기관들은 랍비학교에서 가르쳤다. 이들은 율법 교사들의 지도자로서 현인이나 제사장직의 역할도 담당하였다.

구약의 선지자들은 성령의 역사를 통해 꿈과 묵시를 보기도 했지만, 하나님의 말씀을 비롯한 중요한 기록을 남기고 제자를 양성하는 교육을 담당하였다. 선지자들의 기록 활동은 구약시대의 중요한 전통으로 보인다. 선지자들의 기록물은 가르칠 목적으로 작성되었고 선지자들의 주요 활동 중의 하나는 교육이었다.[102] 선지자는 율법을 공부하기도 하고 제자들을 가르치며 백성들에게 율법을 선포하는 일을 하였다(단 9:2, 벧전 1:10, 왕하 17:13). 선지자의 메시지와 기록물이 포로 후기까지 전해지고 교육된 흔적을 확인할 수 있다(슥 1:6; 7:7). 역사가 요세푸스에 의하면 BC 400년에서 AD 100년까지 "유대인들은 가정과 회당에서 성경을 많이 배운 까닭에 성경을 익숙하게 알고 있었다"[103] 한다.

히브리교육은 가정, 회당, 학교라는 세 가지 교육의 장을 통하여 율법을 가르치고, 어릴 때부터 이것이 삶의 원리가 되게 하였다. 구약시대 하나님은 부모, 제사장, 현인, 예언자 등을 교사로 세워 이스라엘 자녀들을 양육하였다. 이러한 교육을 통하여 히브리인들은 유일신 하나님을 섬기며 하나님께 영광을 돌리는 삶을 살게 하였다. 그 결과 외국의 끊임없는 공격에도 민족적 정체성을 유지하였다. 이것이 그들의

---

101) Ibid., 39-40.
102) Ibid., 48 9.
103) 김득룡, *기독교교육 원론*(서울: 총신대학출판부, 1991), 22.

신앙교육의 결과이다.

(2) 신약 성경(초대교회)에 나타난 교사

사도들은 마태복음 28장 18-20절의 교육명령(Great Commission)의 순종자들이다. 예수 그리스도의 승천과 오순절 성령강림 이후에 새로운 존재로 변화하여 복음 선포와 가르침을 계속하였다(행 5:42).

사도들은 예수 그리스도의 가르침을 바탕으로 교육하였다. 그리스도께서 제자들에게 주신 "가르쳐 지키게 하라"는 명령이 교육 사역의 기초이며 근거이다. 사도들은 '선포하는 일(Kerygma)'과 '가르치는 일(Didache)'이 핵심 사역이다. 쉐릴은 사도들의 교육내용을 다섯 가지로 구분하였다.[104] 첫째, 구약성경의 기독교적 해석, 둘째, 복음의 교육, 셋째, 그리스도인들의 신앙고백, 넷째, 예수님의 생애와 교훈, 다섯째, 그리스도인의 생활 방식이다. 사도들은 유대인들로서 이미 유대교적 성경교육을 받았기에 성경을 가르침에 있어서 효과적이었다.

초대교회의 교육은 예배와 밀접한 관계가 있다. 1세기 교회에는 말씀을 위한 집회와 성찬을 위한 집회가 있었으나, 2세기에 와서는 하나로 합해졌고, 그 집회에서는 성문서 낭독, 교훈, 마지막으로 성찬식이 있었다. 3세기 이후에는 초신자예배와 입교인을 위한 예배로 세분화되었으나 예배 자체가 교육의 의미를 가지고 있었고 성경 낭독과 설교를 통하여 참석자들을 교육하였다.

---

104) Lewis L. Sherrill, op. cit., 141.

초대교회는 처음부터 가르치는 교회였다. 오순절에 구원 받은 삼천 명은 '사도들의 가르침(Didache)'을 듣는 데 전심을 다했다(행 2:42). 베드로와 요한은 예루살렘에서 구원의 길을 가르쳤다(Didasko, 행 4:2). 또한 그와 다른 사도들도 예루살렘을 그들의 가르침(행 5:28)으로 가득 채웠고, 그 일로 인해 매를 맞는 일이 있어도(행 5:40) 변함없이 가르쳤다(행 5:21, 28). 복음에 대한 가르침과 설교가 확대되었다. 유대인 회심자들을 위해 히브리 성경을 재해석해 줄 필요가 있었고 헬라문화에 젖어 있는 사람들에게 복음의 의미를 보여 주어야 했다.[105] 그리스도의 고난과 죽음을 전파하는 복음을 나타내기 위하여 설교뿐 아니라 가르침도 필요한 것이다. 초대교회의 처음 교육 내용은 종말론적인 것이었으나 점차 변화하여 기독교 교육을 실천하면서 초대교회는 이방인 개종자에게 기독교 진리를 가르치기 위해서, 성도 자녀들을 위해서 그리고 예수 그리스도를 선포하는 증인의 사명을 다하기 위해 교육의 기능이 활용되었다.

초대교회에는 '교사'라 부르는 독특한 형태의 목회가 있었다. 이 점에 관하여 우리는 안디옥에서 교회교사들에 관해 최초로 들을 수 있다. 제자들을 처음으로 그리스도인이라 부르고 있었던 그 도시에서 또한 우리들이 최초의 기독교교사를 발견할 수 있는 교회가 있었던 것은 중요한 일이다. 교회의 처음 세대에서 교사는 신령하게 임명된 것으로 생각되었다. 교사는 영적인 지식에 관한 특별한 영적 은사 혹은 카리

---

105) Randolph C. Miller, *Education for Christian Living* (New Jersey : Prentice-Hall Inc, 1956), 22.

스마를 받았다. 교사는 대중 집회에서 그에게 부과된 독특한 역할인 가르치는 일을 수행하였다. 그러므로 초창기에 가르치는 일은 그것이 사도에 의해서든 혹은 특별하게 이 봉사를 하기 위해 위임 받은 사람에 의해서 수행되었든 간에 영적인 목회가 되었다.[106]

기독교인들은 가르치는 교사의 모델을 말할 때 항상 예수님을 생각한다. 하지만 바울(Paul) 사도 역시 이 시대에 가장 탁월한 교사 중의 한 사람이다. 바울은 자기 자신을 복음의 '반포자와 사도와 교사' 로서 소개한다(딤후 1:11). 그의 사역은 복음을 전파하고 가르치는 것이다. 명확히 그의 전체 사역 전략에서 중요한 측면은 가르침이었다. 바울은 안디옥에서 일 년 간 바나바와 함께 가르치는 사역을 수행하였으며 그 후 이 도시 저 도시를 다니면서 만나는 사람들에게 부활하신 그리스도를 가르쳤다.

이것은 분명히 바울의 생각으로는 복음을 가르친다는 것이 기독교 선교에 있어서 대단히 중요한 위치를 차지한다는 것을 말하는 것이다.[107] 골로새서 1장 25-29절은 바울의 사역 전략을 알 수 있는 중요한 단서를 제공한다. 바울은 자신이 교회를 위해서 어떻게 수고했는지 설명하면서 자기의 사역이 고난(24절), 복음 선포(25-29절), 그리고 중재(2:1-5)라고 설명했다.[108]

---

106) 루이스 L. 쉐릴, *기독교교육의 발생*, 이숙종 역(서울 : 대한기독교서회, 1994), 175.
107) 엘머 L. 타운즈, *인물 중심의 종교교육사*, 임영금 역(서울 : 대한예수교장로회 출판국, 1984), 55-6.
108) Perry G. Downs, *Teaching for Spirtual Growth*(Grand Rapids : Zondervan Publishing House, 1994), 28.

바울은 고린도교회에 보낸 편지에서 "하나님이 교회 중에 몇을 세우셨으니 첫째는 사도요 둘째는 선지자요 셋째는 교사요"(고전 12:28)라고 하였다. 또 영적 은사에 대해서 예언하는 일, 섬기는 일, 가르치는 일이라는 세 가지 기능을 설명하였다(롬 12:16-17).

바울은 두 번이나 디모데에게 그 자신이 교사임을 확인시켜 주었다. "내가 … 교사로 세우심을 입었노라"(딤전 2:7, 딤후 1:11).109) 그러나 교사로서의 바울의 역할이 중요하다는 점을 부각시키기 위해 가르침과 관련된 많은 동사와 명사들이 사용되었다. 동사 디다스코(Didasko, 고전 및 신약성경에서 가르치는 사람 혹은 가르침을 받는 대상을 대격으로 받아 자주 쓰였다)를 사용한 구절(행 11:26; 15:35; 18:11; 20:20; 21:21; 21:28; 28:31, 고전 4:17, 엡 4:21, 골 1:28, 살후 2:15)들이다. 명사 디다케(Didache, 교육의 내용 즉 가르친 내용이다)를 사용한 구절(행 13:12; 17:19, 롬 6:17; 16:17, 딛 1:9)들이다. 명사 디다스칼리아(Didaskalia, 교육하는 내용이나 가르친 내용을 암시한다)를 사용한 구절(딤전 1:10-11; 4:6; 6:1, 딤후 3:10, 딛 2:10)들이다.

그러면 바울의 교사 사역은 어떠했는가를 살펴보면, 첫째, 학습자의 관심을 유도한다.110) 그는 사람들의 주의를 사로잡았다. 다양한 연설 형태를 사용했다. 청중의 호기심에 호소한다. 사람들의 다양한 욕구와 문제들을 다룬다. 학습자를 칭찬한다. 학생들과 함께 기도하고 또 그들을 위해 기도한다.

---

109) 로이 B. 주크, op. cit., 34.
110) Ibid., 188.

둘째, 다양한 교수법을 사용하는 데 탁월했다.[111] 예수님이 그러했던 것처럼 바울도 종종 강의 방식을 사용했다. 뿐만 아니라 청중들이 제기한 의문과 도전들을 다룰 수 있는 논의와 토론의 기회를 제공했다. 바울은 예수님처럼 비유를 사용하지는 않았지만 이따금 이야기를 사용했다.

셋째, 바울은 위대한 질문자였다.[112] 바울은 총 250번의 질문을 했다. 핵심을 찌르는 질문을 하므로 사실을 상기시키고, 동의나 호응을 얻어내기도 했다. 결론으로 설득하기도 하고 동기를 유발시켰다.

넷째, 바울은 눈높이 교육을 하였다(고전 3:1-2). 그는 철저히 피교육자 입장에서 교육하였다.

다섯째, 바울의 교육목표는 의인(Justification)과 성화(Sanctification)였다. 믿음이 없는 사람들에게는 믿음으로써 구원을 얻게 만들어 주는 것을 목적으로 하였다. 하지만 이미 믿음으로 구원을 얻은 사람에게는 성화를 가르쳤다.

여섯째, 예수님의 경우처럼 바울도 역시 모범을 보여 주는 데 있어서 당당했다. 그는 "내가 그리스도를 본받는 자 된 것 같이 너희는 나를 본받는 자가 되라"(고전 11:1).

일곱째, 바울은 교사로 부모의 역할을 모두 수행함으로써 교육의 효과를 높였다(살전 2:7, 11). 모성애적인 돌봄과 부권적인 권위도 있었다.

여덟째, 바울은 서신을 통하여 진리에 대한 지식과 이해에 관하여

---

111) Ibid., 194-200.
112) Ibid., 222-23.

가르쳤다.

바울은 지도자로서 교사의 목표를 에베소서 4장 12절에서 세 가지로 크게 분류하고 있다. 첫째로는 온전케 함, 둘째로는 봉사의 일을 하게 함, 셋째로는 그리스도의 몸을 세움이 그것인데, 이는 학생들이 교사의 지도를 따름으로 가능하게 되는 것이다.[113] 바울이 디모데에게 보낸 편지를 보면 흥미롭다. 바울은 가르칠 수 있는 다른 이들을 가르침으로 그리스도를 위하여 그의 증거를 배가시키도록 그에게 용기를 주었다. 바울은 디모데에게 보낸 편지인 디모데후서 2장 2절에서 교사훈련을 간청하였다.[114]

2. 교회교육에 대한 역사적 고찰

(1) 중세와 종교개혁 시대에 나타난 교사

1) 어거스틴이 말하는 교사

어거스틴은 초대교회 사상의 꽃이었고 중세로 이어지는 징검다리였다. 그는 위대한 교부였고 유명한 신학자요 철학자였으며 기독교 교육에도 큰 공헌을 하였다. 어거스틴의 교육사상은 그의 신학과 철학의 영향 속에서 형성되었다. 그래서 전기를 철학적 교육사상이라고 부르고, 후기를 신학적 교육사상이라고 부른다.

---

[113] 한춘기, *교회교육의 이해*(서울 : 한국로고스연구원, 1996), 159.
[114] Roy B. Zuck and Gene A. Getz, *Adult Education In The Church* (Chicago: Moody Press, 1970), 180.

397년 어거스틴은 『기독교 교육(On Christian Doctrine)』과 『참회록 (The Confessions)』을 저술하기 시작한다. 그의 저서 『기독교 교육』은 평신도나 성직자를 가릴 것 없이 기독교 교사를 위한 교육의 입문을 제공하는 것이다. 처음 세 권은 성서해석을 위한 철학적 바탕을 제시하며, 네 번째 책은 교수방법을 다룬다. 기독교 교육은 교육학적으로 상당히 큰 중요성을 지닌 작품으로 판명되어 수세기에 걸쳐 기독교 교육가들의 고전이 되었다.[115]

389년에 쓴 교사론(The Teacher)은 교육에 상당한 통찰력을 주고 있는데, 그 내용은 어떻게 학습자가 배우게 되는가를 설명해 주고 있다. 어거스틴의 주장에 따르면 학습자는 단순히 말(Words)을 통해 배우기보다는 하나님이 학습자와 함께하도록 해야 한다고 했다. 특히 그가 400년에 쓴 초기 교리문답 교육(First Catechetical Instruction)은 신입 회심자들을 가르치기 위한 실제적인 교육방법에 대해 설명한 책이다. 어거스틴이 보는 교사관은 무엇보다도 먼저 자신이 가르치는 목적과 자신이 가르친 모든 것을 사랑하는 자라 하였다. 그뿐 아니라 참된 교사는 예수 그리스도가 그의 내면에 거하는 자로서 하나님의 능력과 지혜를 지녀야 한다고 믿었다.

교육방법에도 주입식 교육보다는 인간 내면으로 종교적 진리를 이해하는 것에 강조점을 두었다. 따라서 교사는 전달식 교육을 배제하고 학습자가 자신의 신앙을 깊숙이 성찰할 수 있도록 학습자를 내면의 세계

---

115) 케니스 O. 갱글, 워렌 S. 벤슨 공저, 『기독교 교육사』, 유재덕 역(서울 : 기독교문서선교회, 1992), 106.

로 이끌어야 한다고 주장했다. 즉 교사의 역할은 학습자에게 진리에 대한 그의 잠재된 인식을 논리적 과정을 통하여 명확하게 깨달을 수 있도록 도와주는 보조자라는 것이다.116) 왜냐하면 참된 교사는 하나님뿐이시며, 완전한 교육 역시 하나님에 의한 교육이라고 보았기 때문이다.

어거스틴은 참된 교육이 이루어지기 위해서는 교사와 학생, 학생과 학생의 상호관계가 중요하며, 대화의 측면을 강조하고 성령의 도우심을 통하여 학생들의 인격과 삶이 변화되도록 해야 한다고 보았다. 어거스틴의 기독교 교육 모델은 성경 내용의 참여와 하나님의 메시지로서의 계시에 뿌리를 둔 신학에로의 참여를 요구한다. 어거스틴은 4세기 기독교 교육에 직접 참여하였으며 그의 기독교 교육론은 후세에 많은 영향을 주었다.

2) 아퀴나스가 말하는 교사

토마스 아퀴나스는 아리스토텔레스의 철학과 기독교 교리를 종합하여 스콜라 신학의 전성기를 맞게 한 위대한 사상가이다. 그는 철학자와 신학자로서 서구사상의 형성에 위대한 공헌을 하였다. 아퀴나스는 1225년경 나폴리 근교의 아퀴노라는 작은 도시 귀족가정에서 태어났다. 그는 다섯 살 때 수도원에 들어가 공부하였다. 그는 수도원 학교의 교사, 파리대학교의 교수 등을 역임하였고 많은 저서를 남겼다. 그의 많은 저서 가운데 신학대전과 철학대전으로 불리는 반이교도대전이 대표작이다. 신학대전은 기독교 교리를 체계화하였는데, 3부 600항으

---

116) 안인희, *교육고전의 이해*(서울: 이화여자대학교출판부, 1989), 104.

로 되어 있는 미완성작이다.117)

아퀴나스가 신학과 철학에 끼친 영향은 매우 크다. 그의 사상이 교육에 끼친 영향에 대하여 인식론과 교사론의 측면을 살펴보면 다음과 같다.118)

아퀴나스는 변화 및 생성을 논증하면서 아리스토텔레스의 질료 형상론을 받아들였다. 형상이란 현실의 사물에 대한 물체적 기체이며 질료는 그 자체로 존재하는 것이 아니라 형상에 의해서만 즉 어떤 형상과 결합할 때에만 존재한다. 아퀴나스는 인간은 영혼과 육체로 이루어져 있으며 이 둘을 질료와 형상의 관계로 보았다. 즉 인간은 형상인 영혼과 질료인 육체로 결합되어 있다. 아퀴나스는 배움의 문제에 깊은 논의를 하였다. 그의 배움에 대한 사상을 요약하면, 불분명하게 안다는 것은 분명하게 알 가능태에 있고, 불분명한 지식은 가능태와 현실태의 중간에 있는 것이다. 또한 감각에서나 이성에서 보다 일반적인 대상이 덜 일반적인 대상의 인식보다 선행한다는 것이다.119)

아퀴나스의 인식론은 가르침에 대해서 다루고 있는 교사론(De Magistro)에서도 그대로 드러난다. 아퀴나스는 가르침의 문제에 있어서도 어거스틴의 '오로지 하나님만이 진리를 가르칠 수 있고, 하나님만이 진정한 의미에서 인간의 교사' 라는 견해에 동의할 수 없었다. 아퀴나스는 인간이 내적 작용원리와 외적 작용원리에 근거한 방법으로

---

117) 정정숙, op. cit., 128.
118) Ibid., 128-31.
119) 토마스 아퀴나스, 신학대전. 12. 제1부, 제64문제-제89문제, 정의채 역(서울 : 바오로딸, 2013), 499-502.

지식을 획득한다고 주장한다. 그는 교육을 받는 학생에게 습득하는 지식이 선재되어 있다고 보았다. 선재된 지식을 얻는 방법에는 두 가지가 있는데 한 가지는 자연적 이성이 스스로 미지의 것들에 대한 지식에 도달하는데 이것을 발견으로 보았다. 둘째는 누군가 자연적 이성을 도와주는 것으로 교육에 의한 학습이라 불렀다. 아퀴나스는 발견과 학습을 지식을 습득하는 완전한 방법으로 보았는데 이것은 학습자가 지식을 습득하는 기술을 가지고 있다는 것을 뜻하기 때문이다.[120]

이렇게 인간은 교사로서 타인을 가르칠 수 있다 한다.[121] 아퀴나스는 교사가 학생을 가르치기 위해서는 지식에 대한 전반적인 구조와 학생의 본성을 잘 파악하여 학습자의 본성에 따라 가도록 해야 한다고 했다. 이때 학습자는 발견을 통해 배우며 학습자가 부정하는가에 따라서 현 지식과 배우는 것을 관련시킴으로 새로운 것을 배운다고 보았다. 그러므로 아퀴나스는 학습자의 본성을 고려하지 않는 주입식 교육을 지양했고, 학생의 수준을 고려하는 뛰어난 학습법을 제안했다고 볼 수 있다.[122]

아퀴나스는 교사가 반드시 지식을 갖추어야 하며, 능숙한 전달자가 되어야 하고, 또 교수를 인간을 섬기는 소명으로 보도록 강조하였다. 교육은 고도의 언어적 과정이기 때문에 교사는 사용되는 낱말, 문장, 실례, 그리고 유비 등을 조심스럽게 선택해야만 한다. 교수학습에 사용되는 자료는 새로운 진리를 규명하고 의존하며 가교를 놓도록 이용

---

120) 정정숙, op. cit., 131.
121) Thomas Aquinas, op. cit., 504.
122) 오인탁 외 10인 공저, op. cit., 132-33.

되어야 한다. 그가 믿기에 교육은 진리에 대한 사랑, 인간에 대한 사랑, 그리고 하나님에 대한 사랑에서 솟아나는 관조적인 생활과 활동적인 생활이 융합하는 것이다.[123]

3) 루터가 말하는 교사

종교개혁 시대 기독교 교육의 개척자였고 현대 교육의 선구자였던 루터는 성경에 기초한 독특한 교육 원리를 주창한 사람이었다.[124] 루터의 교육은 신학과 불가분의 관계로서 그리스도 중심의 교육이었다. 교육의 궁극적 목적은 그리스도이며, 그리스도만이 우리의 진정한 교사로 보았다. 루터는 가장 중요한 교육의 장으로 가정, 교회, 학교를 강조하였고, 그 중에서도 가정이 그 주축을 이루며 부모교사 역할을 강조하였다. 학교와 교사들은 보충적인 역할이다. 가정교육의 책임은 부모이며 자녀들에 대해서 아버지는 가정의 제사장으로 보았다.[125]

그는 교사에 대해 말하기를 '교사'도 목사나 설교자에 견주어 뒤지지 않는 중요한 직책이다. 루터는 교사의 직위를 격상시킴으로 교육사에 지대한 공헌을 남겼다. 설교 사역 다음으로 교육은 하나님의 심중에 가장 가까운 것이다. 교사는 다음세대의 영혼을 책임지는 직분이기 때문이다. 부모와 교사와 목사는 모두 하나님으로부터 피교육자에 대하여 가르침을 부여 받은 직분을 받은 자이기 때문에, 이들은 궁극적으로 피교육자들에게 하나님의 대리자가 될 수 있다고 생각하였다. 교

---

123) 케니스 O. 갱글, 워렌 S. 벤슨 공저, op. cit., 121.
124) 정정숙, 종교개혁자들의 교육사상(서울: 총신대학출판부, 1996), 11.
125) 장원철, 기독교 교육사(서울: 대한예수교장로회총회 출판부, 1999), 90.

수방법론의 중요한 요소는 훈육이다. 루터는 가정에서의 아이와 학급에서의 학생 양편 모두를 따르는 강력한 신봉자였다. 그런데 당시의 관습과는 대조적으로 루터는 완전한 복종은 온화함과 사랑으로 조율된다고 가르쳤다. 그는 학습이나 적절한 행동을 하지 못한 아동을 간혹 거의 죽음 직전에 이르기까지 구타했던 수도원 학교의 혹독한 훈육을 반대하였다.

또한 루터는 이미지, 예증, 또 암송의 사용을 강조하였다. 비록 암기에 집착하긴 했지만 루터는 정보를 과도하게 믿지 않았으며 오히려 교육과정의 주목표를 파악하는데 크게 관심을 가지고 있었다. 루터는 학생에게 논쟁적인 것이나 또는 논쟁의 여지가 있는 문제를 제공해서는 안 되며 진리인 하나님 말씀과 기독교 진리를 내면화하도록 적극적으로 가르쳐야 한다고 믿었다. 학습은 구체적인 실례를 통해 흥미있게 되고 강화되며 또 추상적인 개념보다는 오히려 관찰을 통해 전달된다고 보았다.

우리는 루터의 어린이에 대한 고려와 이를 교육적으로 반영하려 했던 노력들을 간과해서는 안 된다. 그는 어린이를 바로 교육하기 위해, 교사가 어린이의 입장에서 어린이가 이해할 수 있는 통로로 교육해야 한다고 하였다. 이를 위해 그는 교사가 어린이의 이해 능력에 맞게 교육할 뿐만 아니라 어린이의 특수적인 놀이나 그들의 언어까지도 교사가 어린이와 함께 나누어야 한다고 생각했다. 이러한 맥락에서 그가 독일어 미사 서문에 쓴 글 "그리스도께서 인간을 이끌기 위해서 스스로 인간이 되셨던 것처럼, 우리도 어린이를 교육하려면 어린이와 더불어 어린이가 되어야 한다"라는 말도 이해해야 할 것이다.

루터의 교육적 공헌은 독일어로 성경을 번역하여 보급함으로써 종교개혁에 초석이 되게 하였을 뿐만 아니라 국민들에게 영적, 문화적인 보배를 제공하였다. 대소 교리문답서를 작성하여 가정에 배포함으로써 평신도들의 성경공부를 가능케 하였다. 그는 어린이의 능력에 따라 교수를 적용시킬 수 있는 방법을 발전시키고, 낱말과 사물을 연구하고 사랑의 훈육을 할 수 있게 개척적인 역할을 하였다. 그는 대중학교를 시작했고 국가가 의무교육을 실시할 것을 주장하였다.[126]

4) 칼빈이 말하는 교사

칼빈은 교육사상을 체계화하여 정립한 교육학자로 보는 것보다는 교육실천가로서 중요한 의의를 가지고 있다.[127] 칼빈은 특정한 기독교 교육적 저서를 남기지 않았지만 그의 저술 곳곳에서 그의 교육적 안목을 읽을 수 있다. 칼빈은 하나님과 인간과의 관계를 교사와 학생의 관계에 비유하여 설명하였고(Discipuli Dei), 하나님의 인간에 대한 인도를 하나님의 교육(Paedagogia Dei)으로 보았으며, 성령을 교사(Magistro)로 칭하였고, 교회를 학교(Schola)로 비유하기도 하였다. 그의 대표적 저술인 Institutio도 '교육'을 지칭하는 대표적 라틴어 단어이고, 기독교인으로서 최소한 알아야 할 것들을 교육하기 위한 목적으

---

126) 장원철, op. cit., 91.
127) 정정숙, op. cit., 171.

로 쓰여졌다는 것도 주목할 일이다.128) 칼빈의 사고 구조 안에서는 교회 자체가 하나님의 교육기관이고, 그것이 설교든 성만찬이나 권징이든 교회 안에서 행해지는 모든 것이 궁극적으로는 신앙을 성장하게 하고 우리를 그리스도와의 연합으로 이끄는 교육의 통로가 된다.

칼빈은 두 차례 신앙교육서(Catechismus)를 저술했다. 1차 신앙교육서가 신앙교육과 고백이라는 제목으로 제네바교회에 헌정된 것은 1537년이다. 2차 신앙교육서는 칼빈이 스트라스부르그로부터 제네바로 귀한 후 1542년 제네바교회 신앙교육서라는 이름으로 작성되었다. 이 작품은 칼빈이 스트라스부르그로부터 제네바로 귀환 후 얼마 동안 계속해서 아이들의 신앙교육을 시키던 교재를 체계적으로 작성한 것이다.129)

칼빈의 교육신학은 그의 신앙과 신학의 산물이다. 칼빈신학의 특징은 다음과 같다.130)

① 하나님의 절대 주권 사상(Absolutely Soveregnty of God)으로 대표되는 하나님 중심의 신학이다. 하나님 중심의 신학은 교사교육 활성화의 기초이다. 칼빈신학은 그 시작과 진행과정과 결말 모두가 하나님의 주권을 기초로 한다.

② 모든 신학의 기본이며 자료요 논리 구조의 표준이 되는 성경 중심의 신학이다. 성경 중심의 신학은 교사교육의 기초석이다. 성

---

128) 양금희, "교육의 관점에서 읽는 칼빈의 교회론," 장신논단 제17권(2001.12): 464-68.
129) 문병호, "교리와 교육 : 칼빈의 제1차 신앙교육서를 중심으로," 개혁논총 제11권(2009. 가을): 313-44.
130) 정정숙, 기독교교육사 op. cit., 192-95.

경은 비단 신학만 아니라 모든 학문과 삶의 기본적이고 첫째 되는 자료이다. 뿐만 아니라 논리 구조의 표준이 된다. 성경은 신앙과 행위의 유일한 규범이다.

③ 그리스도의 몸이며 성도들의 사귐이며 선택받은 자들의 무리인 교회 중심의 신학이다. 칼빈은 교육을 실천하는 방편으로 교회를 선택하였다. 그러므로 칼빈은 신자의 삶을 칭의 이후 평생 지속되는 성화의 과정으로 보고 교회가 성화를 이루어 가도록 돕는 교육기관이 되어야 한다고 보았다.

칼빈은 하나님이 인류를 지으시고 이스라엘 백성을 인도하시며 예수 그리스도를 보내 주시고 또한 교회를 세우신 모든 것이 하나님이 인간을 교육하시는 "하나님 교육(Paedagogia Dei)"의 과정으로 보았고, 교회도 하나님의 백성을 교육하기 위하여 세우신 기관으로 이해하였다. 칼빈의 교회교육 개념은 단순히 어린이와 청소년만 아니라 신자의 전 생애에 걸쳐 일어나는 교육이며, 교회만 아니라 삶의 모든 전인적 측면에서 일어나는 교육이다. 더 나아가 그의 교회교육은 교리학습만 아니라 예배와 성례전과 치리 등 목회의 모든 측면을 교육 행위로 봄으로 오늘날 우리가 말하는 '교육목회'의 뿌리를 가지고 있었다.

칼빈은 교사의 직분을 하나님께서 임명하신 영적인 리더의 위치이므로 매우 존귀한 것이라 하였다. 그는 『기독교 강요』에서 교사에 대해 "하나님께서 구원과 영원한 생명의 교리를 어느 한 인간을 선택하여 그에게 맡기시어 그 사람에 의해 다른 모든 사람에게 전달되도록 하셨다"(4권 3장)고 한다. 그러므로 교사들의 책임은 맡겨진 교회를 돌보는

데 있다. 따라서 교사의 직무는 제1급에 속한다 할 수 있다.[131]

또한 칼빈이 교사의 임무 중 가장 고귀한 임무로 생각하는 것은 구약과 신약의 건전한 교리를 신자들에게 교육하는 것이었다. 1541년의 교회 법령에 따르면 교사의 직분은 둘로 구분되어 있었다. 하나는 신학훈련과 교회행정에 밀접히 연관되어 있어 목회자의 직분과 가장 유사한 것으로 인식되었던 교사였고, 또 하나는 젊은 남성들에게 신학교육의 보조 학문으로서 언어와 인문학 등을 가르치는 교사였다. 교사후보생은 어떤 잘못된 교리에 유혹될 모든 위험들을 사전에 피하기 위해서 교회가 인정하는 교리를 받아들이고 그것을 지킬 것을 고백해야 했다. 그러므로 칼빈에 의하면 성경에 대한 신학적 이해에 관하여 충분하고도 만족스럽게 훈련 받은 교사만이 기독교 신앙을 다른 사람들에게 교육할 자격을 가졌다. 칼빈은 구약과 신약에 대한 충분한 지식을 갖추는 것이 기독교 교육에서 결코 포기되어서는 안 될 교육의 본질적인 부분이라고 주장했다.[132]

칼빈은 대중교육의 선구자로서 일반 학교교육의 새 영역을 개발하였다. 그 대표적인 경우가 제네바 아카데미였다.[133] 제네바 아카데미는 두 개의 학교로 나눌 수 있는데 하나는 짐나지움(Schola Privata)으로서 아이들을 가르치는 곳이며, 다른 하나는 아카데미(Schola Privta)로서 대학교의 기능을 하였다. 칼빈이 의도한 학교교육의 목적은 명백히 종교적이었다. 칼빈의 교육목적은 첫째, 인간을 지으신 하나님을 알고

---

131) 김문철, op. cit., 27-8.
132) 황성철, 칼빈의 교육목회(서울: 이레서원, 2002), 205-06.
133) 정정숙, 종교개혁자들의 교육사상 op. cit., 171.

하나님의 영광을 위해 인간의 삶을 살게 하려는 것이다. 둘째, 개혁신앙과 신학을 전수시키고 보존하기 위함이다.

칼빈의 교육관은 지식을 습득함으로 하나님의 사역에 봉사하는 그리스도인이 되게 하는데 있었다. 칼빈의 관심은 피교육자로 하여금 학교의 모든 교육을 통해서 그의 전 삶을 하나님께 전적으로 의지하고 하나님의 뜻에 온전히 복종하는 방식으로 하나님과 올바른 관계를 정립하는 것이었다.[134]

칼빈의 교육적 특징은 다음과 같다.[135]

첫째, 칼빈은 교회의 본질적 기능을 가르침이라 한다. 성경의 권위를 중요시하였을 뿐만 아니라 모든 판단은 성경을 근거로 하였다. 성경에 최고의 권위를 부여하고 성경 원어와 성경 해석에 관심을 두었기 때문에 자연히 이 분야의 교육을 강조하게 되었다.

둘째, 칼빈의 교육은 학생이나 방법 중심이 아니라 오로지 목적 중심에 맞추고 있다. 성경을 이해하기 위하여 교육을 받아야 됨을 모든 성도들이 인식하게 하였다.

셋째, 칼빈은 교리 교육을 강조했다. 칼빈에 의하면 교리(Doctrina)는 설교의 의미와 동등하게 사용되었고 또한 교회교육은 하늘의 교리를 설교하는 일이며, 그 직무가 목회자(교사)에게 위임된 것으로 보았다.

---

134) 이환봉, "칼빈의 교육적 유산 : 제네바 아카데미의 교육 원리와 실제," 고신신학 제2권 (2000) : 191-96.
135) 황성철, op. cit., 193-94.

넷째, 칼빈은 가정을 기본적인 교육 기관으로 이해했다. 칼빈은 교육의 영역을 교회에서 가정으로 확대하였다. 칼빈은 가정이란 '작은 교회'라고 하였는데 교회에서 목사가 교인들의 신앙 성장을 보살피고 교육할 책임이 있는 것처럼 작은 교회인 가정은 부모들이 자녀들의 신앙성장과 교육을 담당할 책임이 있다고 보았다.

다섯째, 칼빈의 교육 사상에 있어서 또 다른 특징은 학교이다.

(2) 근대 교회학교에 나타난 교사

1) 영국의 교회학교 운동

주일학교의 역사적 기원은 18세기의 레이크스가[136] 세운 주일학교에서 찾고 있다. 그 이유는 이전의 주일학교 교육이 종교적인 교리를 암기하는데 목적을 두고 암기, 규율, 교리화의 방법을 채택했다면 로버트 레이크스의 주일학교는 삶의 교육, 성경과 직접 만나게 하는 교육, 그리고 삶의 도덕적 변화까지를 가져오는 개방교육이었다[137]는 데 기반을 두고 있기 때문이다. 당시 영국은 산업혁명으로 인한 여파로 비참하고 불행이 뒤섞인 영국 사회를 이루고 있었다. 1780년 초 로버트 레이크스는 그로스터 시외에 산재한 빈민가에서 충격적인 일을 목격했다. 그래서 레이크스는 1780년에 수티 앨리(Sooty Ally) 지방의 메

---

136) 로버트 레이크스(Robert Raikes, 1735-1811)는 영국의 신문 〈글로스터 저널〉의 편집 및 발행인, 영국의 주일학교 운동의 창시자이다.
137) 은준관, 기독교교육 현장론(서울 : 대한기독교출판사, 2002), 127.

리디스(Meredith) 부인의 집 주방에서 핀 공장에서 일하는 어린이들을 모아 첫 주일학교를 시작하였다.

초기의 주일학교는 6세부터 12세, 혹은 14세까지의 어린이들을 모집하였다. 최초의 주일학교는 교육의 혜택을 받지 못한 노동 소년소녀를 대상으로 읽기와 쓰기, 셈하기의 기초교육과 예배와 성경공부 요리문답의 기독교 교육을 함께 실시하였다. 이 학교는 오전 10시부터 12시까지 그리고 오후 1시에서 5시 30분까지 가르쳤다. 레이크스의 주일학교는 계속적으로 성장하여 1787년에는 25만 명의 어린이들이 등록하였고, 레이크스가 숨진 1811년에는 영국 안에만 40만 명의 어린이들이 등록되어 있었다.

이렇게 주일학교가 발전되어 갔으나 그 반면에 수많은 반대하는 움직임이 일어났다. 비난의 이유는 주일학교가 운영됨으로써 많은 기독교 교육의 분야가 주일학교에 빼앗기게 된다는 점이었다.[138] 그럼에도 불구하고 극빈자들의 자녀들이 받을 수 있는 교육이란 이러한 학교 외에 없었으므로 레이크스가 시작한 주일학교는 급속도로 영국 각 도시에 퍼져서 수많은 빈민 아동들에게 교육받을 기회를 주게 되었다. 그 후 여러 방면의 협조를 얻어 1785년 9월 7일에는 주일학교를 장려하는 모임이 조직되었고, 올드함 주일학교에서는 처음으로 무급교사를 채용하게 되어 주일학교 운동에 새 길을 열어 놓았으며, 1881년에 전국주일학교 연합회가 발족하기에 이르렀다.[139]

---

138) 김득용, 주교 교육학(서울: 한국복음문서연구회, 1974), 32.
139) 제이 더불유 G. 완드, 근세교회사, 이장식 역(서울: 대한기독교서회, 1961), 322

2) 미국의 교회학교 운동

최초의 미국 주일학교 운동은 1780년보다 훨씬 이전에 뉴잉글랜드 여러 주에서 초기 청교도들의 손에 의하여 현대 주일학교와 비슷한 학교가 설립되었다. 1669년 매사추세츠 주 플리머스에 미국 최초의 주일학교가 설립되었다. 레이크스의 주일학교 운동이 불길처럼 번져 꽃을 만발하게 피게 된 곳은 미국이었다. 대부분의 유럽국가들은 당시 공교육 기관 안에 종교교육이 포함되어 있었기 때문에 주일학교를 통하지 않고도 기초교육과 기독교 교육을 실시할 수 있었다. 그러나 미국의 경우는 달랐다. 식민지 시대 이후 미국에서도 유럽의 영향으로 모든 학교 안에 종교 수업이 실시되었지만 권리장전(1791년)의 통과 후 '종교의 자유' 조항이 헌법으로 제정되면서 공교육 기관 안에서의 종교 수업이 불가능해졌다. 미국으로서는 기존의 기독교 교육을 연계할 수 있는 통로로 학교가 아닌 다른 장소가 필요했고 마침 미국에 확산되기 시작한 주일학교는 최적의 기관이었다.

미국의 주일학교가 처음 시작된 것은 1785년 동부지방이다. 이때 윌리암 엘리오트는 자기 집에서 주일 오후마다 백인 소년소녀들을 모아 성경을 가르쳤다. 주일학교를 최초로 교육기관의 하나로 승인한 교회는 감리교회였다. 1790년 사우스캐롤라이나 주 찰스톤(Charleston)에서 모였던 연회에서 정식 승인하였을 뿐만 아니라 교회에 반드시 주일학교를 설치하도록 결정하였다. 주일 아침 6-10시까지, 오후 2-6시까지 2회씩 의무적으로 가르치도록 하였다.

18세기 마지막 10년 동안 미국 내의 많은 도시에서 대부분 교회와 관계된 많은 주일학교가 세워졌다. 레이크스의 비전을 따라 주일날 가르치는 읽기와 쓰기를 위한 학교의 개념이 기독교인의 교육을 목적으로 교회에서 채택되고 인정된 "주일학교(Sunday School)"와 구별이 시작된 것은 이 짧은 기간 동안이었다. 이 새로운 기독교 교육에 대한 접근은 주일학교가 단지 가난하고 무지한 어린이들을 돕기 위한 임시방편이 아니라 교회 생활에 특별하고 중요한 새 기능을 부여하는 영원한 기관임을 의미하는 것이었다.

또한 1827년에는 필라델피아에서 유아 주일학교가 시작되었다. 1820년대의 미국 주일학교 교육의 목적은 대체로 영국과는 다른 양상으로 발전되어 갔다. 이 시기 주일학교의 특징은 어린이의 회심을 준비시켜 신앙을 갖게 하는 일과 성경을 가르치는 일이었다. 주일학교는 그 이후 발전에 발전을 거듭하여 기독교 교육의 가장 중심적이고 대표적인 장으로 성장하게 되었다.

연합활동도 활발하여 1790년 이미 필라델피아에서 주일학교 협회가 조직되었고, 1824년 주일학교연합회(Sunday School Union)가 조직되어 통일된 기구로 활동하였다. 주일학교 연합회는 점차 국제적 기구로 확대되어 1889년에는 런던에서 제1차 세계주일학교 대회가 열리게 되었고 1907년 제5차 대회에는 영국, 미국, 유럽 대표들이 참가하여 "세계주일학교협의회(World's Sunday School Association)"를 탄생시켰다.

주일학교 운동은 특히 19세기 미국의 복음주의 운동과 맞물려서 미국 내 어린이와 청소년 복음화에 일조하였으며, 영국에서 처음 시작될 때처럼 읽기와 쓰기와 셈하기 같은 일반교육의 영역은 약화되고 본격적으로 복음화 교육과 성경 교육 등 기독교 교육에 강조점을 두게 되었다.

3) 한국의 교회학교 운동

1885년 3월 5일 일본에서 장로교의 언더우드(H. G. Underwood) 선교사와 북감리교회의 아펜젤러(H. G. Appenzeller), 스크랜톤(M. F. Scranton) 선교사 등이 모여서 제1회 선교사 회의를 개최하고 한국선교에 대하여 논의한 것이 계기가 되어서[140] 1885년 4월 5일 부활절 아침에는 미국 장로교 소속의 언더우드(H. H. Underwood)와 감리교 소속의 아펜젤러(H. G. Appenzeller) 부부가 인천항에 입국함으로 기독교가 전파되게 된다. 그 후 두 선교사를 중심으로 학교를 세우는 일과 교회를 세우는 일을 병행하였고 사랑방 교육으로 발전시켰다.

한국에서 교회교육의 역사는 크게 네 가지 기간으로 구분할 수 있다.[141]

첫 번째 기간은 1888년에서 1905년 사이로 비공식적 주일학교 운동기라고 부를 수 있다. 1888년 1월 15일 서울 정동 이화학당 안에서 어린이 12명과 부인 3명, 여선교사 4명이 모여 성경공부를 시작한 것이 최초의 주일학교이다.[142] 그리고 1900년에는 노블 부인(Mrs. W. A. Noble)이 평양 남산현교회 안에 사범반을 설치하고 교사를 양성한 이

---

140) 오인탁 외 4인, 『기독교 교육론』(서울: 대한기독교교육협회, 1996), 123.
141) 은준관, op. cit., 188-42.
142) 이만열, 『한국기독교 문화운동사』(서울: 한국기독교 100년사 대전, 1992), 253.

후 유년주일학교를 설립하였다. 또한 1903년에는 5세부터 15세 사이의 아동을 별도로 모아 "유년주일학교"라는 이름으로 성경공부를 지도했는데 이것이 전국에 퍼져 서울에서도 1909년부터 실시되었다.

1909년에는 존스 부인(Mrs. M. B. Jones)에 의해 정동교회 유년주일학교가 설립되기도 했으며, 서울과 지방 주일학교를 확산하는 계기가 되었다.143) 이러한 계기는 교회가 교육적 사명을 외면한 자리에 외국 선교사들의 헌신에 의해 주일학교가 교회교육의 명맥을 이어가기 위한 출발점이 되었다.

두 번째 기간은 1905년부터 1930년까지로 이 기간에 주일학교는 공식적인 계기를 맞이하였다. 1905년에 주일학교 연합기구가 탄생하게 된다. 한국에 있던 여러 교단 선교사들이 연합하여 1905년 "개신교복음주의선교공의회(The General Council of Protestant Evangelical Missions)"가 결성되는데, 이때 "주일학교위원회"가 그 안에 설치되었다. 이 주일학교위원회는 1911년에 주일학교 사역을 보다 체계적으로 실시하기 위하여 세계주일학교연합회 특파원으로 내한한 브라운(F. H. Brown)과 협의하여 2월에 서울에서 선교연합공의회와 한국 교회 및 예수교서회 대표자 13인을 중심으로 "조선주일학교연합회" 운영위원회를 발족시켰다.144) 이 기구는 1911년 "세계주일학교연합회"의 재정적 도움을 받아 세계주일학교 통일공과를 직접 출판하여 보급하였고, 1919년에는 계단공과까지 출판하게 된다. 1913년 4월에는 경복궁 뜰

---

143) 이성삼, 한국감리교사(서울: 대한기독교감리회, 1980), 59.
144) 곽안련, 한국교회와 네비우스 선교정책(서울: 대한기독교서회, 1994), 216.

에서 1만 5천여 명이 모여 제1회 조선주일학교 대회를 개최하였다. 1921년의 전국대회는 한국 주일학교 운동에 박차를 가하는 계기가 되었다. 그 결과 1922년에는 기존의 13인으로 된 실행위원회를 대체하여 보다 체계적으로 전국 규모의 "조선주일학교연합회"로 개편하게 된다. 또한 1923년에는 하기아동성경학교(훗날에 '여름성경학교'로 불리게 된다)가 정동제일교회에서 한국 최초로 열렸으며 이것은 1922년 선천에서 미국 북장로교 선교사인 마포삼열 목사의 부인이 복음전도의 한 방법으로 한국 교사 4-5명을 데리고 시작한 것이 아동성경학교 시초이다.

세 번째 기간은 1930년부터 1945년 사이이다. 이 시기 일제는 세계를 제패하려는 야욕으로 신사참배와 황국신민 교육을 강요하였다. 1938년 이후 지교회 주일학교 교육은 거의 마비상태가 되었다.[145] 그 이유는 먼저 일제가 주일학교 지도자의 활동을 항일투쟁으로 여기고 제재를 가하여 주일학교 지도자들의 활동이 제한을 받게 되었기 때문이다. 두 번째 공과책의 인쇄가 중단되어 교재를 구할 수가 없게 되었다. 세 번째 주일학교 교사들이 징용이나 징병에 끌려감으로 가르칠 교사가 없었다. 네 번째 한 면(面)당 1교회로 강제 병합시켜 주일학교와 교회가 멀어 제대로 운영할 수가 없었다. 교회는 "조선기독교단"으로 강제 통합을 당하고, 1938년에는 "조선주일학교연합회"가 강제로 해체되었다.

마지막으로 1945년으로부터 오늘까지를 포괄한다. 이 기간은 한 마

---

145) 힌춘기, 『한국교회 교육사』(서울: 대한예수교장로회 총회, 2006), 97-8.

디로 격동기라 할 수 있다. 1945년 해방을 맞이하고 3년의 미 군정을 거치게 된다. 1950년 6·25 한국전쟁 이후 혼란 속에서 산업화와 전 세계가 부러워하는 경제도약을 이룬다. 민주화의 물결이 있었다. 한국장로교회는 자유주의 신학, 신사참배자 처리, 에큐메니칼 가입 여부로 분열의 아픔을 겪었다. 개교파주의로 인하여 교회 연합사역이 이루어지지 않는 현상을 보이고 있다. 개교회로부터 목회와 교육의 이원화로 인한 무관심한 상황에 처하여 있다.

하지만 시련의 위기 상황 가운데에서도 한국의 주일학교는 1948년 3월 23일에 모였던 조선예수교장로회 총회에서 "조선주일학교"라는 과거 명칭을 "대한기독교교육협회"로 개칭하는 일에서 시작되었다. 주일학교의 제한된 교육보다 폭넓은 교육으로 이해하기 위해 '기독교 교육'으로 이름을 바꾸었다. 뿐만 아니라 폭넓은 시간을 포용하기 위해 '주일학교'에서 '교회학교'로 명칭을 바꾸었다.146)

1960년대에 들어서면서 소위 기독교 교육 학자들이 교육의 전문화를 내세웠다. 또한 신학대학 내의 기독교 교육 연구소를 만들어 각종의 연구조사, 실험교육, 출판서적 등으로 기독교 교육의 전문화과정에 자료를 제공해 오고 있다. 이때 세워진 기관으로는 1962년 한신대학에 기독교교육문제연구소, 1964년 합동측은 한국기독교교육연구회, 1968년 감신대에는 기독교교육연구소, 1986년 서울신학대학에 기독교교육연구소를 설립하였다.

---

146) 엄요섭, 한국기독교교육사 소고 (서울 : 대한기독교교육협회, 1959), 25.

이러한 일련의 변화와 더불어 새로운 종교교육의 프로그램들을 창안해 내었다. 주일학교 실태 조사, 경인지역의 교회를 대상으로 실험교육, 교사 양성 통신강좌 시리즈 출간, 계단공과 제작, 『기독교 교육』, 『교사의 벗』 등의 월간지 간행 등이다. 이것들이 오늘날의 교회교육의 모습을 결정짓는 계기가 되었다.[147]

---

147) 오인탁, *기독교 교육* op. cit., 13-4.

연구 방법과 분석 결과

제5장
•••

연구 방법과 분석 결과

이 장에서는 목양교사 사역하는 교회들의 현황 파악을 위해 설문조사의 결과를 분석하고 논의하려고 한다.

1. 연구 내용

설문조사를 위해 설문지 작성을 하였는데, 목양교사에 대한 질적 연구는 미비하기에 독창적으로 문항을 작성하였다. 설문의 질문은 연구 목적에 맞추어 적절하게 구성하였으며, 목회자용과 평신도 교사용으로 구분하였다. 문항을 구성하되 응답자 개인의 인적 사항과 교회의 정보를 포함하였다. 목양교사를 실시하는 교회의 규모 및 교회가 처한 상황에 따른 목양교사가 영향을 끼치는 여부, 일반 교회학교와 목양교사가 있는 교회의 교회학교에 변화 여부를 파악하기 위해서이다.

목회자용 설문은 목양교사 하는 교회 전반을 파악하고자 하였다. 교회가 목양교사 사역을 진행한 연수, 목양교사를 실시하는 기관, 목양교사의 총수, 목양교사와 일반교사의 차이, 목양교사를 하는데 교회 전체의 관심, 담임목회자의 목회철학, 목양교사를 만나기 이전과 이후의 만족도, 목양교사를 도입할 때 도움이 되었던 사항들, 목양교사가 교회학교와 교회에 가져온 변화에 관한 질문을 하였다.

평신도 교사용 설문은 교사 자신이 목양교사를 하는 현장을 파악하는데 중점을 두었다. 본인의 담당부서, 내 반의 전 재적생, 매주일 출석율, 목양교사 진행 연수, 본인이 진행하는 목양교사 사역, 목양을 시작하며 훈련 받은 여부, 얼마 동안 훈련을 받았는가, 훈련은 교회 자체인가, 목양교사훈련원인가, 목양교사 자신의 만족도, 교회와 담임목회자에게 바라는 사항, 목양교사하며 겪는 어려움, 어려움을 극복하기 위하여 누구와 의논하는지, 목양교사하며 개인에게 가져온 변화에 관한 질문을 하였다.

참여자의 경험이나 의견을 묻는 질문은 리커트 척도(Likert Scale) 5를 사용하였다.

2. 연구 방법

본 설문조사는 목양교사 사역에 참여한 교회의 목회자와 교사들을 대상으로 하였다. 설문조사에는 총 26명의 목회자와 126명의 평신도 교사가 참여하였다. 1차 설문조사는 2016년 7월 28-30일 오산 성은동산 목양여름수련회 인솔자로 참여한 담임목사를 대상으로 하여 6명

전원이 설문에 참여하였다. 같은 수련회에 참여한 스텝과 인솔 교사들 가운데 51명이 설문에 참여하였다.

2차 설문조사는 2016년 8월-9월, 목양교사훈련원에서 제공해 준 주소록에 있는 110명의 교회에 목회자용 설문지를 우편으로 발송하고, 75명에게는 문자 메시지로 2차에 걸쳐 참여를 독려하였다. 우편으로는 14명의 목회자가 답변을 보내와 12.7%의 응답율을 보였다.

3차 설문조사는 6명의 목회자에게 목회자용과 평신도 교사용 설문지를 이메일로 보냈다. 담임목회자에게 전화로 설문조사의 취지를 설명하고 본인과 목양교사들의 설문지 작성 협조를 요청하였다. 6개 교회 목회자 6명 전원과 평신도 교사 75명이 설문에 응답했다.

3. 표본의 구성

(1) 교역자들의 일반적인 배경

조사결과 성별, 연령, 현 교회 사역연수, 교회위치 지역, 맡은 직책, 소속 교단, 교회학교 부서, 청장년 교인 수, 청장년 대비 다음세대 수는 다음과 같다.

1) 교역자 배경 변인별 분포 결과 분석
  ① 설문에 응답한 교역자의 성별 조사
    목양교사를 받아들이는데 교역자의 성별이 어떤 영향을 끼치

는가를 살펴보기 위하여 먼저 교역자들의 성별을 물었다. 응답한 목회자들 26명 중에 25명은 남성이었다. 남성 목회자의 응답이 월등하게 높은 이유는 응답한 교회들 중에 보수적인 교단에 속한 경우가 대다수(80%)를 차지하기 때문으로 보여진다. 합동, 고신, 합신이 여성 목사 안수를 인정하지 않고 있는데 응답자 중 대다수가 세 교단에 속한 교역자가 많았다. 그러나 교역자의 성별에 따라 목양교사 수용 여부의 차이가 있다고 볼 수는 없다.

[표 12] 조사 대상 및 표집 방법

번호	차원	내용
1	모집단	1차 조사 : 목양 여름수련회 참석자 2차 조사 : 110교회 목회자 우편 3차 조사 : 6개 교회 설문조사
2	조사기간	2016년 7월 28일 – 2016년 12월 31일
3	표본크기	목회자 26명, 목양교사 126명, 총 152명
4	표본 추출 방법	유층표집
5	자료 수집 방법	자기 기입식 설문지법

② 교회학교 운영 실태 조사

교회학교의 실태 파악을 위한 "현재 운영하는 교회학교 부서"에 대한 질문에는 중고등부가 96%로 가장 높고, 이어서 유초등부(92%), 청년부(82%) 순으로 나타났다. 유치부를 운영하는 교회는 69%, 유아부는 31%로 상대적으로 낮게 나타났다. 이 결과는 응답자의 80% 이상이 대도시와 중소도시의 교회들이었는데 최근 몇 년 동안 도시의 출산율이 낮아진 것과 무관하지 않기 때문이다. 통계청 자료에 따르면 출산율이 전국 16개 광역시도(세종시 제외)가 모두 1.5명 미만이다. 이 가운데 절반 이상이 초저출

[표 13] 교역자들의 일반적인 배경

영역	내용	빈도 계=26	백분율 100%	영역	내용	빈도 계=26	백분율 100%
성별	남성	25	96	소속 교단	장로교	21	80
	여성	1	4		성결교	2	8
연령	30대	0	0		침례교	2	8
	40대	4	15		감리교	1	4
	50대	12	46	교회 학교 운영 부서	유아부	8	31
	60대	10	38		유치부	18	69
	70대	0	0		유초등부	24	92
현 교회 사역 연수	1년 미만	1	4		중고등부	25	96
	1-3년	0	0		청년부	22	85
	4-10년	4	15	청장년 교인 수	50명 이하	10	38
	11-20년	13	50		51-100명	8	31
	21-30년	7	27		101-200명	6	23
	30년 이상	1	4		201-300명	2	8
교회 지역 특성	대도시	8	31		300명 이상	0	0
	중소도시	13	50	장년 대비 다음 세대	10% 미만	0	0
	읍면지역	4	15		10-30%	6	23
	농어촌	1	4		30-50%	12	46
교회 직책	담임목사	25	96		50-80%	5	19
	부교역자	1	4		80-100%	2	8
					100% 이상	1	4

산(1.3명 미만)이고, 서울시는 몇 년째 0.9명 대에 머물고 있다.

③ 교회의 청장년 수 대비 다음세대 비율

참여한 교회들의 청장년 수 규모 조사에서는 50명 이하가 38%로 가장 많았고, 51-100명이 31%를 차지해 70% 정도의 교회가 100명 이하인 것으로 나타났다. 101-200명은 23%, 200명 이상의 교회는 8%로 나타나, 목양교사를 도입하고 있는 교회 대다수가 중소형 교회임을 알 수 있다. 이는 대형 교회 중에 목양교사를 도입하는 교회가 적다는 현실을 보여 준다.

목양교사를 하는 교회학교와 일반 교회학교와 수적인 면에서 차이를 알아보는 조사에서는 목양교사 하는 교회의 장년 교인 대비 다음세대는 30-50%가 44%로 가장 많았고, 10-30%는 24%, 50-80%가 20%였다. 80-100%는 8%, 100% 이상이 4%였다. 30% 이상의 교회가 70% 이상이 넘는 결과이다. 예장 통합측 총회정책협의회의 2014년 7월 "다음세대와 교회성장" 논문[148]에서 제시된 통계를 보면, 전체 8,383개 교회 중 중고등부가 없는 교회가 48%, 아동부 고학년(4-6)이 없는 교회가 43%, 저학년(1-3) 부서가 없는 교회가 47%, 유치부가 없는 교회가 51%였다. 이와 같은 결과를 볼 때 목양교사 하는 교회에 다음세대가 당당히 한 부서를 이루고 있음은 미래를 내다볼 때 상당히 희망적이라 할 수 있겠다.

---

148) 한춘기, *교회교육 코칭*(서울: 대한예수교장로회총회, 2014), 195.

2) 목양교사를 만나기 이전 조사 연구 결과

① 목양교사를 도입하기 이전의 교회학교 만족도

목양교사를 도입하는 시점을 기준으로 어떤 변화가 있었는가를 알아보기 위하여 "목양교사훈련을 받기 전에 교회학교 사역에 대한 만족도"에 대한 질문에는 보통이다가 65%로 가장 높게 나왔으며, 만족하다 12%에 비해 불만족하다 23%였다. 목양교사를 도입하기 이전의 교회학교에 대하여 88%가 만족스럽지 못하였음을 알 수가 있다.

[표 14] 목양교사 이전의 교회학교 만족도

내용	매우 만족	만족	보통	불만	매우 불만
빈도(계=26)	0	3	17	6	0
백분율(100%)	0	12	65	23	0

복수의 답변을 허용한 교회학교 사역이 만족스럽지 못한 이유에 대해서는 다음세대에 대한 관심 부족이 68%로 가장 높게 나왔으며 교사의 사명 결핍이 50%였다. 이어서 교사훈련 42%와 교사 자원부족 39%로 이전 교회학교가 만족스럽지 못한 주요 이유로 꼽았다. 이와 같은 결과를 통해서 알 수 있는 것은 교회가 다음세대의 중요성을 간과하고 있고, 다음세대의 현재 모습이 장차 가까운 미래의 우리 교회 모습이라는 사실을 인지하지 못함을 알 수가 있다.

[표 15] 교회학교가 만족스럽지 못한 이유

내용	교사 사명 결핍	출석률	빈곤한 프로그램	교사 자원 부족	다음세대 관심 부족	교사 훈련	기타
빈도	13	7	3	10	15	11	1
백분율	50	27	12	39	68	42	4

목양교사를 도입하기 이전에 교회학교가 진행한 사역에 대해서는 어린이전도협회가 50%로 가장 많았고, 어린이교육선교회 31%, 파이디온선교회 27%였다. 이어서 윙윙 12%, 기타(교단/예배) 19%이다. 목양교사를 만나기 이전에도 교회학교 교육에 힘쓰고 있었다는 것을 알 수 있다.

② 교역자가 보는 목양교사와 일반 교회학교 교사의 차이

참여자들의 92%는 목양교사와 일반 교회학교 교사가 차이가 있다고 응답하였다.

[표 16] 목양교사와 일반 교회학교 교사의 차이 여부

내용	차이가 있다	차이가 없다	무응답
빈도(계=26)	24	0	2
백분율(100%)	92	0	8

복수의 응답을 허용한 목양교사와 일반 교회학교 교사의 차이는 기도, 전도, 양육, 심방 현장이 있다 89%로 가장 높게 나왔으며, 이어서 사명감 73%, 목양제자 65%, 헌신도 62%이다. 그리고 평신도 사역자의 자부심(50%)도 주요한 차이점으로 꼽았다. 이와 같은 결과를 통하여 교역자들은 목양교사가 단순한 이론만이 아니라 사역의 현장에서 예수님의 지상명령과 한 영혼을 사랑으로 품는 현장임을 알려주고 있다.

[표 17] 목양교사와 일반 교회학교 교사의 차이점

내용	사명감	평신도 사역자의 자부심	반 출석률	예배 태도	기도/전도/양육/심방 현장	헌신도	목양제자
빈도	19	13	8	8	23	16	17
백분율	73	50	31	31	89	62	65

③ 목양교사 진행 여부와 교회학교 활성화에 기여 여부

참여자 중 현재 목양교사를 하고 있는 교회가 96%이다. 목양교사를 하지 않는 4%도 목양교사를 하다가 실패했기 때문이라고 답하였다.

목양교사가 교회학교 활성화에 도움이 되는지를 묻는 질문에서 아주 많이 도움이 된다 54%였고, 어느 정도 도움이 된다 23%였다. 응답자들 80%의 교회가 목양교사 사역을 하므로 교회학교 활성화에 일정 부분 이상 기여하고 있음을 알 수가 있다.

[표 18] 목양교사가 교회학교 활성화에 도움 여부

내용	아주 많이 도움	어느 정도 도움	도움 안 됨	해가 됨	무응답
빈도(계=26)	14	6	0	0	6
백분율(100%)	54	23	0	0	23

　　복수의 응답을 허용한 목양교사가 교회학교에 도움이 되는 그 이유는 어느 교회나 할 수 있어서 45%, 목양훈련원이 있어서 45%로 높게 나왔다. 이어서 현장 적용이 뛰어나서 40%, 배우기가 쉬워서가 5%이다.

[표 19] 목양교사가 교회학교 활성화에 도움이 되는 이유

내용	현장 적용이 뛰어나서	배우기가 쉬워서	어느 교회나 할 수 있어서	목양훈련원이 있어서
빈도	8	1	9	9
백분율	40	5	45	45

④ 목양교사를 도입할 때 필요로 하는 것

　　복수의 응답을 허용하여 목양교사를 시작하려는 교회들을 위한 조언에는 다음세대 열정 회복이 69%, 목양교사 확보 65%, 목양교사훈련이 62%로 높게 나왔다. 이어서 교사 동기부여 58%, 다음세대 조사 12%, 교육 여건 확보 12% 등은 낮게 나왔다. 이와 같은 결과를 볼 때 주변의 환경적인 요인보다 목양교사

자신에게 많은 비중을 두고 있음을 알 수 있다. 교회학교 교육이 이루어져야 할 때 여타의 여건보다 교역자들은 교사 자신이 어떤 교사로 서 있어야 하는가에 대하여 바르게 인식하고 있음을 알 수 있다.

[표 20] 목양교사를 시작하는 교회의 필요 사항

내용	목양교사 동기부여	다음세대 열정회복	다음세대 조사	교육 여건 확보	목양교사 확보	목양교사 훈련
빈도	15	18	3	3	17	16
백분율	58	69	12	12	65	62

3) 목양교사 사역의 경험과 교육현황 조사

① 목양교사 사역기간과 목양교사 수

목양교사를 도입한 연수는 1-3년 35%, 4-7년 31%였으며, 8-10년 19%, 10년 이상 목양교사 한 교회도 15%였다. 이와 같은 결과를 볼 때 목양교사를 단기사역으로 받아들이지 않고 장기적으로 도입하였음을 알 수 있다.

교회학교 전 부서에 목양하는 교사(부장, 정교사, 보조교사 포함)는 6-10명 42%, 5명 이하 31%였다. 이와 같은 결과를 볼 때 중소형 교회의 목양교사의 숫자는 10명 미만임을 알 수 있다.

[표 21] 교회의 목양교사 만족도

내용	매우 만족	만족	보통	불만족	매우 불만족	무응답
빈도(계=25)	7	16	0	1	0	2
백분율(100%)	28	60	0	4	0	8

② 교회의 목양교사 만족도

목양교사에 대한 만족도는 만족 60%로 가장 높게 나왔으며, 매우 만족 28%이다. 목양교사를 도입한 80% 이상의 교회가 만족하는 것으로 나타났다.

복수의 응답을 허용한 목양교사를 권유 받았을 때 처음에 가진 생각은 교회학교 부흥이 62%로 가장 높았고, 이어서 교사 사명감 고취 54%, 세대통합 46%였다. 그리고 70, 80년대 한국 교회의 모습이 23%, 교사훈련 23%이다. 단지 교회학교 프로그램으로 본 응답자는 12%였다.

[표 22] 목양교사에 대한 첫 인식

내용	70,80년대 한국교회	세대 통합	교사훈련	교사 사명감 고취	교회학교 프로그램	교회학교 부흥
N	6	12	6	14	3	16
%	23	46	23	64	12	62

복수의 응답을 허용한 현재 교회가 진행하는 목양교사 사역은 전 교인 통합예배(72%), 학교전도(68%)로 높게 나왔다. 이어서 무학년제(56%), 1:1양육(52%), 주중 전 재적생 심방(48%), 통합찬양(40%)이다. 영혼을 담당하는 교사에게 기도는 생명과 같은데 겟세마네 기도는 28%이다. 이와 같은 결과를 볼 때 목양교사의 모델이신 예수님이 하루의 사역을 시작하시며 그 전날 하루 종일 다양한 사역으로 피곤하셨지만 오히려 새벽 미명에 한적한 곳에 가셔서 기도하셨던 것처럼 목양교사로서 맡겨주신 어린 영혼을 위해 기도하는 사역에 더 매진해야 할 것이다.

[표 23] 교회에서 진행하는 목양교사 사역 현황

내용	겟세마네 기도	학교 전도	1:1양육	주중 심방	무학년제	통합예배	통합찬양
빈도	7	17	13	12	14	18	10
백분율	28	68	52	48	56	72	40

　다음세대(유초등부 중심) 분반공부 시간에 사용하는 교재는 지난 주 목사님 설교를 쪽지 공과로 만들어서 사용한다 39%, 어린이 선교 단체가 발행한 교재를 사용한다 29%, 총회공과 29%이다. 밝히지는 않았지만 기타 교재 7%이다. 목양교사 사역하는 교회학교는 일반 교회학교와 다르게 지난 주일 아침예배에 강단 설교를 공과화하여 분반공부 시간의 교재로 사용하는 교회가 많음을 볼 수 있다. 교사가 주일 분반공부 준비하는 시간이 짧은 현실에서 이 방법은 강력히 추천할 만한

내용이다.

목회자로서 다음세대 목양교사 사역에 참여 현황을 파악한 결과 교사 격려 80%, 교사교육 68%, 설교 64%, 예산 배정 56%이다. 이어서 양육 40%, 겟세마네 기도 16%로 참여가 낮은 것을 알 수가 있다. 참여자들이 밝힌 것처럼 목양교사 사역을 위하여 담임목사의 의지가 절대적이다 92%, 교회의 중요 지원 여부가 절대적이다 88%로, 이런 결과를 볼 때 목양교사 사역의 성공을 위하여 담임목사의 더 적극적이고 직접적인 참여가 필요하다 하겠다.

[표 24] 담임목사의 목양교사 지원 현황

내용	예산 배정	설교	겟세마네 기도	양육	교역자 배정	차량 운행	교사 교육	교사 격려
빈도	14	16	4	10	7	8	17	20
백분율	56	64	16	40	28	32	68	80

목양교사를 도입하려는 교회들에게 조언한다면, 목양수련회 참석 76%, 제자양육 64%, 다음세대 외부 세미나 56% 순서로 나타났다. 이어서 목양교사 하는 교회탐방 40%, 교사헌신예배 24%, 교사부흥회 20%, 교사대학 16%이다. 목양교사 사역을 도입할 때 담임목사의 목회 방침이 건강한 교회를 지향할수록 여러 가지 면에서 도움이 되었음을 알 수가 있다.

[표 25] 목양교사 도입시 도움 사항

내용	제자 양육	교사 대학	교사 부흥회	교사헌신 예배	다음세대 외부세미나	목양교회 탐방	목양수련회 참석
빈도	16	4	5	6	14	10	19
백분율	64	16	20	24	56	40	76

참여자들이 목양교사를 위해 진행하는 사역은 여름과 겨울 목양수련회 참석이 84%, 교사양육 72%, 교사격려회 60%, 교사헌신예배 56%이다. 이어서 교사대학 32%, 다른 교회 탐방 20%이다. 목양교사 주일을 지키는 교회는 8%, 정기적인 축하는 4%로 많은 교회가 하지 않는 사역으로 나타났다. 이와 같은 결과를 볼 때 목양교사 자신들의 사명감 고취와 사기진작을 위하여 교회 차원의 세밀한 배려가 필요하다 하겠다.

4) 목양교사 도입 이후의 변화

① 목양교사 도입 이후의 변화에 대하여

참여자의 대부분은 목양교사 사역을 실시하여 교회에 일어난 긍정적인 변화를 경험한 것으로 나타났다. 응답자의 96%가 긍정적인 변화를 체험하였다. 복수의 응답을 허용한 교회에 가져온 긍정적인 변화는 다음세대에 대한 관심이 높아졌다 80%, 교사의 헌신도가 높아졌다가 76%로 높게 나왔다. 이어서 다음세대의 출석률 64%로 그 뒤를 이었다. 교회학교 다음세내 부서 유지 36%와 교사의 예배 태도 변화 36%도 주요한 변화이다.

다른 문항에서 목양교사하며 교회가 얻은 유익에 대하여, 헌신자/ 목양제자를 얻었다 76%로 가장 높게 나왔으며, 이어서 목회자 자신의 소명 재발견 60%, 교회학교 52%이다. 그리고 사람 40%, 교회부흥 32%, 헌금 16%, 건물/부동산 8%이다.

목양교사하며 교회에 가져온 변화 3가지를 기록한 결과는, 다음세대에 대한 관심이 80%로 가장 높게 나왔으며, 교사 사명감 44%, 교회건강 40%, 교회학교 부흥 36%, 사는 목적 발견 36%이다.

[표 26] 목양교사 도입 이후의 변화

내용	교사 헌신도	다음세대 출석율	교회학교 부서유지	예배 태도	다음세대 관심	헌금 증가	영육 축복
빈도	19	16	9	9	19	4	6
백분율	76	64	36	36	80	16	24

목양교사 사역의 만족도를 우회적으로 알아보기 위하여 "다른 교회에 목양교사를 소개하시겠습니까"를 질문하였다. 적극적으로 소개하겠다가 35%, 필수적으로 31%, 소개한다 27%였다. 응답자의 93%가 소개하겠다는 결과가 나왔다. 복수의 응답을 허용한 목양교사를 소개한다면 그 이유는 다음세대를 위하여 96%로 월등하게 나타났다. 이어서 건강한 교회를 위하여 79%, 교회학교를 위하여 67%이다. 그리고 목회자를 위하여 50%, 교사 자신을 위하여 42%이다.

(2) 교회학교 목양교사들의 일반적 배경

조사결과 성별, 연령, 신앙생활 연수, 청장년 교인 수, 맡은 직분, 교회 위치 지역, 소속교단, 목양교사 운영 교회학교 부서, 청장년 대비 다음세대 수, 교회 목양교사 사역기간은 다음과 같다.

1) 평신도 배경 변인별 분포 결과 분석

① 설문에 응답한 평신도의 성별

목양교사를 세우는 일에 도움을 얻기 위하여 먼저 목양교사(이하 평신도)의 성별을 물었더니 응답한 교사들 126명 중 여성이 92명(73%)으로 남성 34명(27%)보다 월등하게 많았다. 그 이유는 다른 곳에 있지 아니하고 목양교사의 역할적인 면에서 여성의 참여율이 높은 것으로 보인다.

교사들의 연령은 20대가 32%로 가장 높으며 40대 20%, 50대 17%, 60대 11%이다. 이어서 10대 11%, 30대 9%로 나타났다. 특이한 것은 20대와 10대의 교사들이 일반 교회학교보다 많다는 사실이다. 이와 같은 결과를 통해서 알 수 있는 것은 목양교사가 추구하는 전교인 교사화가 이루어 낸 열매이다. 신앙 연수는 10년 이상 83%로 가장 높게 나왔다. 이어서, 4-10년 11%, 1-3년 5%이다. 1년 미만은 1%이다. 이 결과를 볼 때 목양교사가 어느 정도의 신앙의 연륜을 가지고 다음세대를 목양하고 있음을 알 수 있다.

② 교회의 청장년 수 대비 다음세대 비율

참여한 교회들의 청장년 수 규모는 101-200명이 58%로 가장 많았고, 50명 미만이 25%로 200명 이상(2%)의 교회는 상대적으로 적었다. 목회자의 응답 결과에서 이미 보았던 것처럼 목양교사를 실시하는 교회들의 대다수는 중소형 교회들이다.

목양교사를 하는 교회학교와 일반 교회학교와 수적인 면에서 차이를 알아보는 조사에서는 목양교사를 하는 교회의 장년 교인 대비 다음세대 비율은 30-50%가 45%로 가장 많았고, 50-80%는 33%, 10-30%가 14%였다. 이어서 100% 이상 5%, 80-100%가 2%로 장년 숫자 대비 80% 이상 교회가 7%였다. 이러한 결과는 목양교사를 하지 않는 중소형 교회와 50명 미만의 교회가 교회학교를 열지 못하는 현실을 고려할 때 주목해 보아야 할 결과들이다.

2) 목양교사 경험과 교육현황 조사 연구 결과

① 개교회의 목양교사 현황

목양교사의 실태 파악을 위한 "현재 목양교사를 진행하는 부서"에 대한 질문에서는 유초등부 93%로 가장 높게 나타났고, 이어서 중고등부(68%), 청년부(37%) 순서로 나타났다. 목양교사

[표 27] 교회학교 목양교사들의 일반적 배경

영역	내용	빈도 계=26	백분율 100%	영역	내용	빈도 계=26	백분율 100%
성별	남성	34	27	교회 지역 특성	대도시	34	27
	여성	92	73		중소도시	37	29
연령	10대	14	11		읍면지역	50	40
	20대	40	32		농어촌	3	2
	30대	11	9		무응답	2	2
	40대	25	20	소속 교단	장로교	94	75
	50대	22	17		감리교	0	0
	60대	14	11		성결교	0	0
신앙 연수	1년 미만	1	1		오순절	1	1
	1-3년	6	5		침례교	31	25
	4-10년	15	12	목양 교사 운영 부서	유아부	19	17
	10년 이상	104	83		유치부	30	27
장년 교인 수	50명 미만	32	25		유초등부	104	93
	51-100명	9	7		중고등부	76	68
	101-200명	73	58		청년부	41	37
	201-300명	3	2	장년 대비 다음 세대	10% 미만	0	0
	301-500명	0	0		10-30%	18	14
	무응답	9	7		30-50%	57	45
맡은 직분	사모	9	7		50-80%	42	33
	장로	3	2		80-100%	2	2
	권사	16	13		100% 이상	6	5
	집사	38	30		무응답	1	1
	성도	1	1	교회목양 실시기간	1-3년	6	5
	청년	42	33		4-7년	30	24
	학생	13	10		8-10년	40	32
	전도사	4	3		10년 이상	48	38
					무응답	2	2

를 진행하는 유치부는 27%, 유아부 15%이다. 응답자의 96%가 읍면 지역과 대도시, 중소도시의 교회들인데 최근 출산율이 낮아진 것과 무관하지 않다.

본인이 목양교사를 하는 부서는 유초등부 63%, 중고등부 46%로 나타났다. 현재 내가 맡고 있는 반의 전 재적생은 5명 이내 58%로 가장 높았고, 6-10명 13%, 11-20명 12%이다. 목양교사 1인당 재적수가 10명 미만을 맡고 있는 것으로 나타났다. 매주 내 반에 출석하는 평균 출석 숫자는 5명 이내가 78%로 가장 많았고, 6-10명 12%로 10명 이하가 대부분이다. 목양교사 진행 기간은 7년 이상 41%, 4-7년(29%), 1-3년(21%)으로 교사를 시작한 지 1년을 채우기가 어려운 일반 교회학교와 비교할 때 고무적인 결과이다.

② 목양교사 진행 현황

참여자 중 현재 목양교사를 하고 있는 평신도가 89%이다. 목양교사를 하고 있지 않은 평신도는 11%이다. 복수의 응답을 허용한 목양교사 하지 않는 이유는 목양하다가 실패하여서 72%로 가장 높았고, 주변에 아이가 없어서 36%, 목양교사를 모르기 때문에 21%이다.

복수의 응답을 허락하여 목양교사를 시작한다면 무엇이 필요한가에 대하여 다음세대 열정 회복이 48%로 높게 나타났고, 목양교사훈련 22%, 목양교사 동기부여가 21%이다. 이와 같은 결

[표 28] 목양교사의 사역 현황

영역	내용	빈도 계=126	백분율 100%
목양교사 진행 여부	그렇다	112	89
	아니다	14	11
목양교사 담당부서	유아부	4	3
	유치부	7	6
	유초등부	70	63
	중고등부	51	46
	청년부	10	9
내 반 전 재적생	5명 이내	65	58
	6~10명	14	13
	11~20명	13	12
	20~30명	7	6
	30명 이상	9	8
	무응답	18	16
출석 수	5명 이내	87	78
	6~10명	13	12
	10~20명	5	4
	20~30명	0	0
	30명 이상	2	1
	무응답	19	17
목양교사 진행 연수	1년 미만	8	7
	1~3년	24	21
	4~7년	32	29
	7년 이상	46	41
	무응답	16	14

[표 29] 목양교사를 하지 않는 이유

내용	교회학교 없음	학생 없음	목양교사 모름	목양교사 실패	기타
빈도	0	5	3	10	2
백분율	0	46	27	91	18

과를 통하여 알 수 있는 것은 목양교사를 시작할 때 주변 여건보다도 교사 자신에게 답을 찾고 있음을 알 수 있다.

복수의 응답을 허용한 현재 본인이 진행하는 목양교사 사역은 전 교인 통합예배 54%, 1:1양육 45%, 주중 심방 41%로 높게 나왔다. 이어서 무학년제 37%, 학교전도 35%, 통합찬양 30%이다. 장년이나 다음세대나 동일한 한 영혼을 목양할 때 기도는 생명과 같다 할 것이다. 겟세마네 기도는 29%이다. 그러나 소망이 있는 것은 목양교사가 추구하는 기도, 전도, 양육, 심방 여부에 대하여 기도한다가 79%로 가장 높았고, 심방한다 53%, 전도한다 41%, 양육한다 25% 순이다.

[표 30] 목양교사가 진행하는 사역 현황

내용	겟세마네 기도	학교 선도	1:1 양육	주중 심방	무학년제	통합예배	통합찬양
빈도	32	39	50	46	41	61	34
백분율	29	35	45	41	37	54	30

다음세대(유초등부 중심) 분반공부 시간에 사용하는 교재는 지난 주 목사님 설교를 공과로 만들어서 사용한다 65%로 가장 많았다. 이어서 총회공과 13%, 기타 교재(선교회/일반 성경공부) 13%이다. 담임목사의 설교를 공과로 사용하는 교회가 목회자 설문 결과에 곱절 이상이다.

교회학교 분반공부 시간은 11-20분이 52%, 10분 이내가 31%로 20분 이내가 월등하게 많았다. 교사가 충분히 말씀을 연구할 시간이 주어지지 않고 교회 내에서 모이는 분반공부 시간이 많지 않다면 지난 주일 강단에서 담임목사가 설교한 말씀을 쪽지공과로 만들어서 공과시간을 진행할 수 있다. 짧은 공과시간으로 끝날 것이 아니라 다음 주일이 오기 전에 다음세대들 가정을 찾아가 공과내용을 다시 한 번 설명하고 요절암송을 지도하고 축복기도해 주는 사역이 뒤따라야 한다. 이러한 후속사역이 있지 않다면 하나님의 말씀으로 다음세대를 세울 수 없다.

③ 목양교사의 자부심 및 교회에 바라는 사항

목양교사의 자부심은 "목양교사는 꼭 해야 한다"는 응답이 98%로 월등하다. 아니다와 잘 모르겠다는 응답이 각각 1%이다. 복수의 응답을 허용한 목양교사를 반드시 해야 하는 이유에 대하여, 목양은 전도하고 제자삼으라는 주님의 지상명령이기 때문이다가 92%로 목양하는 대부분의 교사가 이를 지상 대명령으로 받아들였음을 알 수 있다. 이어서 교회학교기 성장하기 때문이다 29%, 나의 상급이라는 응답이 9%였다.

[표 31] 목양교사를 반드시 해야 하는 이유

내용	지상명령	교회학교 성장	나의 상급	목사님 위해	자신 영성
빈도	103	33	11	4	2
백분율	92	29	9	3	1

　목양교사를 시작하려는 교사들을 위하여 "목양교사를 받아들이는데 도움을 주었던 교회 사역들"에 대하여 질문하였다. 복수의 응답을 허락한 결과, 목양수련회 참석 84%, 제자양육 42%, 다음세대 외부세미나 29%로 목회자들의 설문 결과와 거의 같음을 알 수 있다. 이어서 목양하는 교회 탐방 19%, 교사부흥회와 교사헌신예배 각각 14%, 교사대학이 11%이다. 이와 같은 결과를 볼 때, 목양교사가 되는데 있어서 목양교사훈련원 중심으로 진행되는 사역들이 동기를 부여하였음을 알 수 있다.

　복수의 응답을 허용한 담임목회자의 교회학교 목양 참여는 제자양육이 55%, 다음세대 설교와 교사교육 각각 52%이다. 이어서 교사 격려(42%), 겟세마네 기도(36%), 예산 배정(15%) 교역자 배정(10%) 순이었다.

　목양교사를 위해 교회가 진행하는 사역은 목양수련회 참석이 70%, 교사헌신예배 53%, 교사양육 45%, 목양교사주일 34%에 비하여 교사격려회 21%, 교사대학 14%, 정기적인 축하 12%, 다

다른 교회 탐방이 5%로 낮게 나타났다. 이와 같은 결과는 목회자 설문에서 목회자는 교사 격려가 80%였는데 정작 교사들은 체감하지 못하는 것을 알 수 있다.

④ 목양교사의 훈련 실태 결과

    목양교사를 시작하면서 훈련을 받은 교사는 90%이다. 훈련받은 기간은 6개월 이내가 26%이다. 이어서 5년 이상 15%, 7개월-1년과 1-3년 그리고 3-5년이 각각 13%이다. 무응답도 21%이다. 목양교사의 중요성을 감안할 때 장기적이고 체계적인 교사 양성 및 훈련이 시급하게 요청된다.

    복수의 응답을 허용한 결과, 교사 자신이 받은 훈련은 목양수련회 참석 86%, 목양교사 컨퍼런스 77%, 목양교사대학 59%, 목양교사 집중훈련 49%로 높은 비중을 차지하였으며, 이어서 목양부흥회 29%, 목양현장체험 21%, 목양하는 교회 탐방 15%로 도움을 준 것을 알 수 있다.

[표 32] 목양교사훈련 현황

영역	내용	빈도 계=112	백분율 100%	영역	내용	빈도 계=112	백분율 100%
교사훈련 여부	훈련 받다	101	90	교사훈련 내용	목양교사 컨퍼런스	87	77
	훈련 안 받다	11	10		목양교사 집중훈련	55	49
목양교사 훈련	6개월 이내	29	26		목양부흥회	33	29
	7개월~1년	14	13		목양수련회	94	86
	1~3년	14	13		목양교사대학	66	59
	3~5년	14	13		목양현장 체험	23	21
	5년 이상	17	15		목양교회 탐방	17	15
	무응답	24	21				

3) 목양교사 도입 이후의 변화

① 목양교사가 가져온 변화

참여자의 대부분은 목양교사 사역을 실시하여 교사 자신에게 일어난 긍정적인 변화를 경험한 것으로 나타났다. 응답자의 92%가 긍정적인 변화를 체험하였다. 복수의 응답을 허용한 자신에게 나타난 긍정적인 변화는 사는 목적을 발견하였다는 응답이 75%, 말씀/기도의 영적 축복을 받았다 65%, 목자의 심정/평안의 축복을 받았다 53%이다. 이어서 전도/믿음/은사의 축복이 50%, 가문/리더/사람/건강/물질의 범사 축복이 44%다.

목양교사로서 사역하며 겪는 어려움은 사명감 유지와 주중 전재적생 심방이 각각 29%, 학생관계 28%, 주간 1명 양육 27%, 1

주 1시간 전도 25%, 부모 관계 24%, 하루 1시간 기도가 23%이다. 많은 교회 사역(6%) 교사훈련(3%) 순이다.

목양교사를 하다가 낙심이 될 때 도움 요청은 목회자가 70%이다. 이어서 목양수련회 참석 34%, 목사사모 30%, 다른 동료 목양교사 28%이다. 목양 회복훈련(7%)로 나타났다.

목양교사가 교회학교 활성화에 미친 영향에 대하여 절대적이다 57%, 어느 정도다 32%였다. 큰 영향을 미치지 않았다와 아무 영향도 없다는 각각 1%, 무응답이 8%이다. 응답자들의 90% 교사가 목양교사를 하므로 교회학교 활성화에 크게 기여하였음을 보여 주고 있다.

② 목양교사 사역 이후의 바람

목양교사의 자부심 정도를 파악하기 위하여 "목양교사를 소개하는가?"에 대한 응답 결과로 적극적으로 소개한다 38%, 그렇게 한다 34%, 필수적으로 소개한다 26%이다. 응답자의 99%가 목양교사를 소개한다 하여 목양교사가 교회와 교회학교를 위하여 필수적인 사역임을 보여 준다.

복수의 응답을 허용한 목양교사를 소개한다면 그 이유는 다음 세대를 위하여 73%로 가장 높게 나타났다. 교사 자신을 위하여 50%로 그 뒤를 이었다. 이어서 건강한 교회를 위하여 31%, 교회학교를 위하여 27%, 목회자를 위하여(7%), 부모를 위하여(3%) 순으로 나타났다.

[표 33] 목양교사가 가져온 변화 실태

영역	내용	빈도(계=112)	백분율(100%)
변화 여부	있다	101	90
	없다	0	0
	무응답	11	10
긍정변화	영적축복1(말씀/기도)	67	65
	영적축복2(전도/믿음/은사)	52	50
	마음축복(목자심정/평안)	54	53
	범사축복(가문/리더/사람/건강/물질)	45	44
	사는 목적 발견	77	75
사역 어려움	학생관계	31	28
	부모관계	27	24
	교사훈련	3	3
	사명감 유지	33	29
	하루 1시간 기도	26	23
	1주 1시간 전도	28	25
	주간 1명 양육	30	27
	전 재적생 심방	32	29
	많은 교회 사역	7	6
도움 요청자	목회자	78	70
	목사 사모	34	30
	타목양교사	31	28
	목양 회복훈련	8	7
	목양수련회	38	34
교회학교 성장 기여	절대적이다	64	57
	어느 정도다	36	32
	큰 영향 없다	1	1
	아무 영향 없다	1	1
	무응답	9	9

목양교사 세우기

− 모집, 훈련, 관리 −

제6장

목양교사 세우기

– 모집, 훈련, 관리 –

앞서 교사와 교사훈련의 중요성에 대하여 반복, 강조했다. 교사 직분의 중요성과 그 자질이 교회학교 성장에 미치는 영향력이 지대함은 말로 다할 수 없다. 성공적인 교회학교의 한 표지는 교회학교 교사에게 달려 있다고 해도 과언이 아니다. 그런데도 개체 교회에서는 몇몇 관심 있는 소수만이 교회학교에 열정을 가질 뿐 대부분의 사람들은 무관심 속에서 살아가고 있다. 거기다가 대부분 교사들은 2년 이하의 경력으로 매년 25% 정도가 탈락 되고 있는 실정이다.[149]

1. 목양교사 확보 방법

(1) 신중한 교사 모집

---

[149] 김문철, op. cit., 57.

교회학교 사역자의 고민 중의 하나는 헌신된 교사 확보가 어렵다는 것이다. 왜 교회학교 교사들이 부족한가? 그것은 교인들이 평신도 목회의 개념을 인식하지 못하기 때문이다. 많은 교인들이 편하게 교회 출석하려 하고 주님의 사역에 우선 순위를 두지 않고 자신이나 세상 일에 우선 순위를 두고 살아가기에 교사가 부족하다.

교회학교 사역자들의 고민은 약 1/3의 교사들이 1년을 채우지 못하고 중단한다는 점을 들고 있다. 그 이유는 다양하지만 헌신의 동기 없이 권유에 의한 방식으로 교사가 되는 사람이 많았던 것이 현실이다. 오인탁과 정웅섭은 교사가 되길 권유한 사람과 권유 방식을 조사하였다.[150] 그 결과 교회학교 교사의 25%는 목사가 권유해서 되었고, 동료 교사들의 권유도 25%나 되었다. 이 밖에도 장로, 권사, 집사(이들 중에는 교회학교 부장, 총무, 교육위원장 등이 해당됨)와 교역자의 80% 이상이 교회의 임원이나 교역자들이 권유해서 모집되는 것으로 나타났다. 교회학교 교사의 위치와 역할이 봉사 이전에 책임과 준비가 따르기에 다른 부서보다도 선뜻 자원하는 경우가 드물다.

이러한 결과를 볼 때 교사를 모집하는데 관심과 노력을 기울여야 하며 보다 근본적인 해결책은 교회에서 교사 모집이 공식화되고 체계화될 필요가 있다.

---

150) 오인탁, 정웅섭, *교회 교사교육의 현실과 방향*(서울 : 대한기독교출판사, 1987), 114.

(2) 교사 모집의 절차와 단계

1) 교사의 모집 계획 수립

2-3개월 전에 시작하는 교회가 많으나 가능한 한 새학기에 충원될 교사는 5-6개월 전에 모집 계획을 세우는 것이 바람직하다. 왜냐하면 학기가 시작되기 전까지 교사예비교육을 실시하고 교사로 임명해야 하기 때문이다. 계획 수립은 교육위원회 산하에 인사위원회를 두고 기도로 충분히 준비하며 구체적으로 작성해야 한다. 예수님께서도 추수 때가 되었는데 일꾼이 모자라니 그 주인에게 일꾼을 보내달라고 청하라(기도하라)고 말씀하시기 때문이다(마 9:37-38).

교사 모집 계획을 수립함에 있어서 기존 교사가 다음 해에도 계속해서 봉사할지 여부를 우선 파악하고, 매년 교회학교 인원 증가 비례표를 작성한 후 다음 해에 증가할 인원수를 예상하여 교사 모집 인원수를 정한다. 이때 교회학교 반을 운영하는 방식을 고려하여 교사 증원 수를 확정해야 한다. 학년 구분 없이 반을 편성하면 고학년이 저학년을 지도할 수 있기에 잘 훈련된 목양교사 한 사람이 많은 인원을 지도할 수 있다. 나이와 학년별로 반을 편성하면 어린이 숫자에 비하여 많은 교사가 필요하다. 계획팀은 확정된 인원보다 최소한 서너 명 정도의 여유를 두어 예비교사로 확보해 두는 것이 바람직하다.

2) 교사 선택의 기준 검토

교사 선정 기준은 정확히게 실천되어야 하며 매년 검토되어야 한다.

기준이 지켜지지 않으면 교사의 긍지가 사라지고 좋은 교사상이 정립되지 않는다. 브라운(C. C. Brown)은 교사 모집의 원리에 대해서 몇 가지 물음을 통하여서 답하게 함으로 교사 선택의 기준을 제시하고 있다.[151] 즉

질문 1) 누구에게 교사될 것을 요청할 것인가?

그 답으로 신앙생활을 잘하며 다음세대에 대해 관심을 가지고 있는 사람/ 2-3인으로 된 교사팀(받은 은사와 역할을 따라 팀을 구성한다)/ 단기교사(성경학교 혹은 단기 프로그램 진행 교사이다)/ 주제별 교사(전문직에 종사하는 분들을 교육과정에 따라 단기적인 사역을 진행하도록 한다)/ 예비교사(정교사를 도와 사역을 함께하되 일정 수의 다음세대를 확보하면 정교사가 될 사람이다) 등을 든다.

그리고 교사를 물색할 때 유의할 점들을 첨가하고 있다. 첫째, 깊고 관심 있게 찾을 것. 둘째, 광범위하게 구해 볼 것. 셋째, 인재와 맡을 일을 연결시켜 볼 것. 넷째, 책임감을 진작시킬 것 등이다.

질문 2) 언제 가르치기를 요청할 것인가?

그 답으로 그것은 가능한한 "속히!"이다. 임무를 시작하기 수개월 전에 해야 한다. 선정 후 예비교육에 차질이 없도록 미리 서두르는 편이 좋다.

---

[151] C. C. Brown, *Developing Christian Education in the Smaller Church* (Nashville: Abingdon Press, 1982), 47-53.

질문 3) 그들에게 무엇을 요청할 것인가?

첫 단계에서 교사에게 거는 교회의 기대를 목록화하여 체크하게 한다. 둘째 단계에서 교회가 교사에게 약속하는 사항을 열거해서 제시한다. 셋째 단계에서 서약서를 작성한다.

질문 4) 교사될 것을 어떻게 요청할 것인가?

첫째, 작성할 서약서에 관해 토론한다. 둘째, 사용할 교육과정을 소개한다. 셋째, 지도하게 될 학생 명단을 소개한다. 넷째, 지망 교사의 질문을 받는다.

질문 5) 그들이 거절할 경우에는?

거듭거듭 강요하는 행위는 삼가한다. 그들의 결정을 존중하여 유용한다.

질문 6) 누가 그들에게 요청할 것인가?

어느 개인이 하기에는 크고 두려운 문제이다. 책임 있는 그룹이 하도록 한다.

3) 홍보

이번 연구에서 교회학교 교사 모집을 위한 홍보의 중요성이 확인되었다. 목양교사를 하지 않는 이유를 질문하였더니 27%가 목양교사를 모르기 때문이라 답하였다. 교회학교 교육은 한두 명의 힘으로 되는 것이 아니라 절대 다수가 필요하다. 이 사실을 기회가 있을 때마다 정기적으로 알려야 한다. 첫째, 주보 광고란 또는 게시판을 이용하여 자주 교사 모집 광고를 실어서 교회학교에 교사가 필요하다는 사실을 계속 알려야 한다. 교사를 하고 싶어도 계기가 마련되지 않아서 못하는 경우가 있으므로 가끔 전 교인을 대상으로 교사 모집 요강(교사의 역할, 선정 기준, 훈련과정, 자격 기준 등)을 배부한다. 둘째, 봉사의 동기를 제공해야 한다. 특별 기간(교사헌신예배, 교사 임명식, 교사주일, 어린이주일 등)에는 설교를 통하여 교육의 중요성과 교사의 고귀성과 헌신과 그에 따르는 상급이 있음을 적극적으로 알려야 한다. 그 외에도 교회학교 행사를 공개하는 것이나, 특별교육 기간(성경학교 또는 부흥회)에 보조자로 함께 참여시키는 것도 하나의 방안이 될 수 있다. 셋째, 필요가 생길 때마다 자주 강단에서 광고를 하여야 한다. 목회자가 정기적으로 교회학교의 가치와 중요성을 강조하면 성도들은 더 좋은 반응을 나타내게 될 것이다. 넷째, 후보(예비)교사가 선정되었을 때에 초청하는 서신을 보내고, 그들이 교실 안에 들어가서 앞으로 자신이 맡게 될 직책을 확인할 기회를 부여하는 것도 하나의 방안이 될 수 있다.

4) 면담

교사 선택과정에 추천된 예비교사와 교회교육 담당자와의 면담의 필요성이 제기된다. 예비교사로 추천된 분들을 정중한 면담을 위하여 초청한다. 교육 담당자는 면담과정에서 교회교육의 철학과 교사의 자격과 역할을 나누고 점검할 수 있다. 교회학교 교사는 첫째, 구원의 확신을 갖고 있어야 한다. 구원 받은 사람만이 구원의 길로 학생들을 인도할 수 있다. 소경이 소경을 인도하면 위험한 자리에 이른다는 주님의 말씀을 기억해야 한다. 둘째, 본 교회학교의 목적과 가치를 나눈다.

예수님이 가르쳐 지키게 하라는 대명령을 시행하는 것임을 분명히 인식하고 있어야 한다. 셋째, 교회학교 교사의 자격과 역할은 무엇인가? 교사로서 갖추어야 할 자격과 교사가 학생들과의 관계에서 어떤 역할을 해야 하는지를 나눈다. 넷째, 교사훈련과정과 교회의 지원에 대하여 분명하게 인지하도록 하여야 한다. 이상 열거한 네 가지는 교사 면담시 필히 고려해야 할 점이다.

5) 훈련과 서약과 임명

훈련된 교사는 사명감 고취와 교사 간의 친목을 위한 모임과 기도회를 갖는 것이 좋다. 선발과 훈련을 마친 후에는 임명하는 절차만 남아 있다. 그러나 본인이 원하고 훈련을 마쳤다고 해서 무조건 임명장을 주면 된다고 생각하는 것은 잘못이다. 교사예비훈련을 한 후에 서약을 받는 것이 필요하다. 서약시에는 기간을 정하는 것도 봉사기간을 명백히 하는 효과가 있다. 주일예배 시에 공적으로 임명을 하고 헌신을 재확인하여야 한다. 임명식을 하기 전에 신앙적 결단이 필요하다. 교회학교란 일반 학교와는 달라서 지식만 전달하는 학교가 아니라 신앙을 가르치고 하나님의 말씀을 전해서 온전한 사람으로 변화시키는 곳이므로 교사 자신이 먼저 영적인 헌신의 각오로 출발해야 한다. 특별히 교사의 임명 전에 결단의 시간을 갖는 것이 필요하다.

2. 목양교사, 훈련으로 세워진다

세계 교회학교가 탄생된 지 200년이 넘었고 한국에 기독교가 전해진 지 100년이 훨씬 넘은 이때 교육의 중요성이 더욱 심화되고 있다. 일반 학교의 교사가 되기 위하여 최소한 4년제 대학을 마치고 임용고시를 치루어야 교사자격증을 주는 것에 비교하면 교회학교 교사의 자격은 너무 미비하다는 생각을 갖게 된다. 70년대까지만 해도 체계적으로 제도화된 교사교육과정을 둔 교단은 없었으며, 교회학교 교사는 개교회의 형편과 교역자의 교육 관심에 따라서 임의적으로 양성되고 임명되었다. 그러나 80년대에 들어와서 교사 양성의 체계적 제도 수립에 대한 교회의 관심이 대단히 높아졌다. 그리하여 교단 차원에서 또는 개교회별로 짧게는 20시간에서 길게는 80시간에 이르는 다양한 교사 양성과정이 개발되었다. 교사 양성과정을 일회적인 과정으로 개설하는 교회와 교단으로부터 기초과정, 계속과정, 전문과정의 세 단계로 교사 양성과정을 전문화 한 예장(통합) 같은 교단까지 다양한 교사 양성과정들이 개발되었다.[152]

(1) 교사훈련의 중요성

우리는 로버트 쿡(Robert A. Cook)의 말을 귀 기울여 들어야 한다.

---

152) 오인탁, "21세기 기독교교육의 전망," 기독교 교육논총 제2권(서울 : 한국 장로교 출판사, 1997), 17.

충분히 준비되지 못한 상태로, 세상에서 가장 중요한 일을 하러 나선다는 것이 얼마나 불행한 일인가? 조금만 분별 있게 살핀다면, 그와 같은 행위는 교사 자신의 수치일 뿐 아니라 갈급해 있는 영혼에 대하여 죄악이 된다는 사실을 깨닫게 될 것이다.153)

교사는 자신의 역할이 중요한 만큼 사명 감당을 위하여 훈련되어야 한다. 교사는 제공되는 여러 훈련 프로그램에 적극 동참함으로써 자신을 합당한 자질을 갖춘 교사로 세워야 한다.

여기에서 두 가지를 생각하고자 한다. (1) 그 하나는 교회학교 책임자 특히 담임목사의 교사교육의 중요성과 내용과 방법에 대한 관심과 중요성이다. 목사의 교육활동이 잘 되고 있는가? 목사(장로)의 자격 중 하나가 "가르치기를 잘 하는 것이다"(딤전 3:2). 전체 교인을 상대로 목회하는 목사가 필요하며 또 그를 도와서 교육 사역을 감당할 수 있는 교육목사 또는 교육사 제도가 확립되어야 한다. 교회의 교육적 사명을 자각하여 교회의 규모에 상관하지 않고 교육 전문가 곧 기독교 교육을 전공한 사람을 교육전담 사역자로 초빙하여야 한다. 이러한 교회교육 전문가들이 교회 전체 교육계획을 세우고 실행해 나아가도록 할 때, 교회학교는 부흥하며 교인들은 올바로 세워져 갈 것이기 때문이다. 이것의 한 방안으로써 기독교 교육학 석사과정을 좀 더 보완하여 교육사

---

153) 월간 교사의 벗 엮음, 2천년대를 향한 교회교육 현장백과 2(서울 : 말씀과 만남, 1994), 28

를 양성하는 방안이 있고, 또 신학대학원생들에게 1년간의 기독교 교육학 수강을 통하여 신학석사학위와 함께 기독교 교육학 석사학위를 수여하여 교회교육 전문가로 양성할 수 있다.

(2) 다른 하나는 교회의 교육계획과 전략수립의 필요성이다. 박상진은 2004년 9월 예장 통합 교회학교 교사 867명에게 교사교육에 대한 설문조사 결과를 발표하였다.[154] 교사교육을 감당해야 할 주체를 묻는 설문에서 가장 많은 빈도수를 보인 것은 교회학교 각 부서로써 42.3%가 응답하였으며, 그 다음이 개교회 차원으로 36.8%, 그리고 노회(10.7%), 총회(8.5%) 순으로 나타나고 있다. 이는 보다 현장성 있는 교사교육을 기대하고 있음을 보여 준다.

그렇다면 개교회 현장은 어떠한가? 어느 정도의 규모를 가진 교회에는 교육을 담당하는 책임자를 두고 있다. 외관상으로는 상당히 진보된 제도라 할 수 있겠다. 그러나 담당자 또는 교회가 그러한 책임자에게 기대하는 것은 어떠한가를 생각해 본다면 그 실제의 위치를 찾을 수가 있다. 첫째, 교육을 맡은 책임자가 올바로 교육할 수 있는 사람인가? 즉, 교회교육을 맡은 사람이 자격을 갖춘 사람인가? 전문가인가를 물을 때에는 부정적인 대답을 할 수밖에 없다.

둘째, 교회 지도자들은 교회교육 전문가에 대해 큰 기대를 갖고 있지 않는다는 사실이다. 교회와 교사훈련 프로그램의 중요성을 인식한 바이르네(H. W. Byrne)가 한 말이다.[155] 몇몇 교사들은 다른 교사들보

---

154) 박상진, op. cit., 84.
155) 월간 교사의 벗 엮음, op. cit., 29.

다 좋은 소질과 교사로서의 자질을 타고 날 수 있다. 그러나 어떤 사람이 성령님의 은사를 받았다 할지라도, 그 사람이 속해 있는 교회라는 맥락 안에서 그 은사를 적절하게 사용할 수 있도록 훈련되어야 한다. 그들은 훈련을 통해 좀 더 유능하고 자신감 있는 교사로 만들어진다. 교회 내에서 진행되는 교육 프로그램의 성공 여부는 직접적으로 교사들에게 제공된 훈련과 후원의 양(量)과 질(質)로 측정된다. 그러므로 모든 교회는 교회의 규모에 상관없이 교회교사들이 필요로 하는 훈련과정 및 후원할 전략을 수립해야 한다.

(2) 교사훈련의 목적

교사는 반의 목회자라는 사실을 주목하여 두 가지의 훈련 목적을 생각할 수 있다.

첫째, 교회의 교육목회에 참여할 지도력을 계발하는 것이다. 교사훈련은 단지 교회학교 교사를 훈련하는 차원이 아니라, 교회의 전 교인을 계발하고 훈련하는 성도훈련의 일부이며 동시에 교회의 평신도 지도자 육성이라는 안목에서 시행되어야 한다. 다시 말하면 교사는 교육목회에 동참할 자질과 지도력을 지닐 수 있도록 부단히 계발되고 훈련되어야 한다.

둘째, 자원봉사자의 차원으로부터 전문봉사자의 차원으로 승화시키는 목적이다. 사실 교육 행위처럼 전문성이 요청되는 직분이 없다. 기독교 교육은 천하보다 귀한 한 영혼을 다루는 일인 만큼 철저하게 전문성을 갖추지 않으면 안 된다. 육체의 생명을 다루는 의사가 최고의 전문성을 가져야 한다면, 영적 생명을 다루는 교회학교 교사의 전문성은 시급히 요청되는 과제가 아닐 수 없다. 어린이 기독교 헌장과도 같은 마태복음 18장 6절 말씀과 같이 "누구든지 나를 믿는 이 작은 자 중 하나를 실족하게 하면 차라리 연자 맷돌이 그 목에 달려서 깊은 바다에 빠뜨려지는 것이 더 나으니라"고 하는 주님의 음성을 우리는 기억해야 한다.

(3) 교사훈련의 방법들

1) 교사 예비교육

교사 예비교육(Pre-service Training)과정은 예비교사 또는 교사 경력이 없는 신임교사들에 대한 교육을 의미한다. 여기에서는 교사로서 최소한의 기초적 지식을 교육하는 이 과정을 의무적으로 마치게 하고, 이 과정을 마친 자들에게 교육현장을 참관케 하여 현장성을 몸에 익히고, 실제로 필요한 학습 지도안을 준비할 수 있도록 지도하고, 방법을 구체적으로 연구하는 워크숍을 그룹별로 실시하므로 교사로서 만반의 준비를 다하도록 하는 과정이다. 교사 예비교육 단계에서 강조해야 할 사항을 컬리(I. V. Cully)는 다음과 같이 정리하고 있다.[156]

첫째, 교사 예비교육은 결국 신임교사들을 돕고 격려하는데 그 목적

---

156) I. V. Cully, *New Life for your Sunday School*(New York : Seabury Press, 1979), 30-1.

이 있다.

둘째, 예비 교육과정에서는 자원 제공자가 특히 결정적인 도움을 주어야 한다.

셋째, 신임교사교육에서 부장 등 선임교사가 동석하는 경우 감독자의 인상을 배제한 순수한 도움을 주어야 한다.

넷째, 신임교사들의 수준, 능력을 넘지 않는 훈련의 내용을 가져야 한다.

다섯째, 신임교사들이 자주적으로 서로의 관심을 나누고 서로를 알아 성장의 기회를 갖도록 해야 한다.

여섯째, 교육 기간 동안 특히 예배와 학습의 쇄신을 위한 기회를 제공한다.

이를 토대로 예비교육에서 가르쳐야 할 분야는 다음과 같다.

① 사명의식이다.

예비교육과정에서는 교사 자신의 신앙이 성장하도록 기도하며 계속적으로 연구하면서 사명의식을 고취하는 기회가 주어져야 한다. 만일 교사가 지식이 풍부하고 교육방법이 탁월해도 구원의 확신이 없거나 소명의식이 없으면 참다운 기독교 교육을 행할 수 없기 때문이다.

② 기독교 교육의 목적이 제시되어야 한다.

교사가 무엇을 가르쳐야 하는지 알지 못한다면 나침반 없는 배와 같이 파선하고 말 것이다. 예비교사교육 단계에서 기독교 교육의 목적 제시는 중요한 부분이다.
③ 목적을 성취하기 위한 과정이 제시되어야 한다.

즉 기독교의 신앙과 생활이 어떤 단계를 통해서 학습되는지 생각해 볼 수 있는 과목이 포함되어야 한다.
④ 인간 발달 심리를 알아야 한다.

교육은 성장 발달 단계의 인간을 돕는 것이다. 그러므로 교사는 인간의 각 발달 단계의 변화와 연령에 따르는 관심과 이해의 폭을 알아 둘 필요가 있다.
⑤ 내용 파악 즉 교육과정을 단계별로 파악해야 한다.

사용하는 공과의 주제와 다루는 내용을 파악해야 하며, 교회 또는 부서의 교과과정을 파악해야 한다.
⑥ 다양한 교수 방법을 파악해서 필요에 따라 구체적으로 응용할 수 있어야 한다.

이상의 여러 가지 과제를 전문가를 통해서 학습 받고 훈련 받아야 한다.

2) 교사 계속교육

이 과정은 예비교육과정을 거치고 이미 교육현장에서 교사의 직무를 수행하고 있는 모든 교사들에 대한 교육을 말한다. 교사 계속교육(In-Service Training)의 필요성에 관해서 에드워즈(M. A. Edwards)는 이렇게 서술하였다. "새 지식, 새 기술의 계속적인 발전은 어느 분야의 일꾼들에게나 계속적인 교육과 훈련을 요청한다. (중략) 기독교 교육의 분야에서는 신학사상의 발전, 그것에 따르는 교육과정(커리큘럼) 내용과 교육 방법의 개선이라는 상황이 교사의 계속교육을 요청한다. 새로운 교육적 아이디어와 교육 경험으로 항상 새로운 실험적 교육이 필요하다".[157] 현재 교사의 사역을 감당하는 자들의 자질을 더욱 높여가는 과정으로의 계속교육과정은 끊임 없는 연구와 노력을 요청할 뿐만 아니라 교육 현장부터 제기되는 많은 문제들을 계속 접(接)하게 함으로써 그 해결 방안을 강구하게 하는 일석이조의 효과를 거둘 수 있게 한다.

교사 계속교육의 차원에서 가능한 방법들을 찾아보고자 한다.

① 교사대학, 본 대학을 이용한 교사교육 방법은 비교적 교사가 많은 교회나 지역 교회가 연합하여 할 수 있는 방안이다.

② 교사세미나, 교사들과 교회학교 사역자들이 그들의 기술을 향상하도록 기회를 마련해 주어야 한다.

③ 제자훈련, 1년에 한 번(1박 2일) 영적 재무장을 위하여 의무적으로 실시한다.

④ 교사 헌신자를 위한 강습회(교사 단기 수련회), 1월에 실시하는 수련회로써 한 해의 시작 시점에서 교사의 자세를 확립하고 사명을 깨닫게 하며 하나님이 인정하시는 교사가 되게 하기 위하여 1일 또는 2일에 걸쳐서 실시하는 것이다.

⑤ 교재를 이용한 교육, 책을 통해 교사들을 훈련시키는 방법이다.

⑥ 도서관을 통한 교육, 교회 안에 도서관을 설치하여 교사나 교육

---

[157] M. A. Edwards, *Leadership Development and the Woker's Conference* (Nashville: Abingdon Press, 1967), 68.

자들이 충분히 연구할 수 있도록 배려할 필요가 있다.

⑦ 교사 월례회를 통한 교육, 대부분의 교회들은 달마다 정해 놓은 교사 월례회가 있다. 외부 강사를 청해서 수강해도 좋고, 교사들에게 미리 준비된 주제에 따른 연구 발표를 해도 좋으며, 제목을 놓고 각자 연구 발표나 토의, 좌담회, 연구수업을 진행할 수 있다.

⑧ 견학, 관찰, 시범 교수학습, 연중 1, 2회의 계획을 세워서 시범 교수 학습 관람을 하고 토의하는 것은 대단히 중요한 자극과 유익을 줄 수 있다.

⑨ 교사강습회, 타 기관에 의뢰하여 교육을 하는 방법과 교회 자체적으로 강습을 하는 경우가 있다.

[표 34] 교사 계속교육 방법

번호	계속교육 방법	특징
1	교사대학	대형교회, 교회 연합 교육 시
2	교사세미나	교수 기술 향상 기회
3	제자훈련	연 1회 영적 재무장
4	교사 단기 수련회	연초 교사의 사명감 고취
5	교재 이용 교육	교재 읽고 나눔
6	도서관 교육	교회 도서관 설치
7	교사 월례회	외부/내부 강사, 연구수업
8	견학/관찰/시범	학습관람 후 토의
9	교사강습회	외부기관/교회 자체 강습

3) 교사 전문교육

전문교사 교육(Supervisior Training)과정은 최상급 교사교육과정으로서 교회교육의 정상화와 효율화를 위한 교육의 전문화 및 분업화를 위한 훈련과정이다. 이 과정의 참석 대상은 교사의 예비교육과 계속교육과정을 이수한 자로 교회학교에서 교장, 부장, 부감, 총무직 등 이른바 '교사들의 교사'에 해당된다. 뿐만 아니라 여기에는 특수전문성이 있는 프로그램 수립자와 그룹 지도자, 교육상담자 등이 포함된다.

교사 전문교육은 다양하게 성경적으로 특성화되어 계획하는 것이 바람직하다고 제시하는 코버(K. L. Cober)는 세 가지 분야가 요청된다고 하였다.158) 첫째, 개인적/인격적 성장 분야이다. 하나님과의 관계의 성장, 그리스도 이해의 성장, 교회적 삶의 성장 분야이다. 둘째, 과제 추구 분야이다. 교육적 책임에 따르는 특수과제, 특수 프로그램의 분야이다. 셋째, 그룹 형태 분야이다. 그룹과의 관계, 클래스 다이나믹스의 분야이다. 이 과정을 통하여 지도감독의 기술과 교육개발의 능력을 증진시키고, 그룹 지도의 기술과 기능, 상담의 기술과 육성 및 운영에 대한 기술을 터득케 하고, 더 나아가서 그룹의 비전을 터득하게 함으로 그들을 전문성 있는 교육 지도자로 육성시키는 것이다.

휴버(E. M. Huber)는 전문교사 교육을 위한 물음들을 크게 셋으로 요약했다.159) 첫째, 이 프로그램은 반드시 필요한가? 둘째, 이 훈련은

---

158) K. L. Cober, *Shaping the Church's Educational Ministry*(Philadelphia : Judson Press, 1971), 33.
159) E. M. Huber, *Enlist, Train, Support Church Leaders*(Philadelphia : Judson Press, 1975), 15-6.

이미 있는 기존의 지도력을 충분히 고려한 것인가? 셋째, 참여자들이 그들 자신의 경험을 통해 배울 수 있는 훈련인가?

(4) 교사훈련과정 소개

아래 도표에 나와 있는 교사교육 내용의 원리와 특징은 교회학교 교사 양성 교육과정의 교육목표를 이루는 것이다. 다시 말하면 교회학교 교사로서 올바른 인성 및 교사상을 확립하고 교회학교 교사로서의 필요한 역량을 계발하는 것이 핵심이다. 뿐만 아니라 교회학교 교사로서 전문성을 확립하고 학습자들에 대한 이해와 역량 계발, 교회학교 교사로서 성경 전체에 대한 총괄적 이해와 전달능력 및 학생에 대한 이해와 공감능력을 계발하는 것이다. 더 나아가 교사로서 학생들의 발달상황을 이해하고 그들의 삶에 필요한 성경적, 상담 지식 및 기술을 익힘, 교사로서의 교수학습에 대한 전문적 기술 습득, 교회교육에 필요한 신학적인 기초와 교수방법에 관한 이론과 실제에 관한 구체적인 방법을 배우도록 구성되었다.

[표 35] 전문 지식과 일반 지식으로 분류한 교사교육 내용

구분	세분	과목	내용
전문 지식	성경 지식	구약개론	형성, 사상, 흐름, 내용
		신약개론	형성, 사상, 흐름, 내용
		조직신학	기독교 교리
		성경해석	성경이해, 성경해석

구분	세분	과목	내용
전문 지식	교육 지식	교육철학	교육철학, 교육방법, 교육사상
		교육신학	교육신학, 교육의 흐름
		교사론	교사의 기준, 역할
		교육심리	성장과정, 동기유발
		학습자 이해	교육을 위한 학습자 이해
	교수 기술	교수원리	교수방법, 교수절차
		공과교수법	공과교수의 종류
		교안 작성법	교안의 정의, 교안 작성법
		시청각 사용법	주의사항, 시청각 종류
		동화구연법	종류, 기술
		문제아 지도법	문제아의 원인, 치료 방법
		어린이 제자훈련	제자훈련 방법, 종류, 전략
		어린이 양육	양육방법, 양육의 주요내용
		주의 집중 및 찬양	주의 집중방법, 종류
		교육 평가법	평가방법, 평가기술, 제안
		상담법	방법, 종류, 상담기술, 역할극
		어린이 구원상담	방법, 종류, 상담기술
		상담기술	대화기술, 진리를 유도
	행정	반 운영과 관리	효과적인 반 운영, 관리
		기독교 교육행정	교육계획 방법, 운영계획, 절차
		신입 어린이 관리	교육내용, 교사의 행동
일반 지식	기타 교육 방법	설교법	설교방법, 주의사항
		심방법	심방종류, 주의사항, 제안
		전도법	전도의 종류, 전략
		예배법	예배의 종류, 방법, 절차
	교단	교회사	교단 형성 배경, 중요 교리

[표 36] 교사교육의 실제적 교육과목

예비교육	계속교육	전문교육
1. 오리엔테이션	1. 교수원리	1. 교육심리
2. 교사론	2. 공과교수법	2. 상담기술
3. 교육신학	3. 교안 작성법	3. 문제아 지도법
4. 교육철학	4. 시청각 사용법	4. 어린이 제자훈련
5. 교회교육과 일반교육 차이	5. 동화구연법	5. 반목회 사례발표
6. 경배와 찬양	6. 설교법	6. 타교회 탐방
7. 구약개론	7. 심방법	7. 외부 세미나 참석
8. 신약개론	8. 어린이 전도법	
9. 조직신학	9. 예배법	
10. 성경해석	10. 교육 평가법	
11. 학습자 이해	11. 주의 집중법	
12. 교단 교회사	12. 기독교교육 행정	
13. 어린이 양육	13. 상담법	
14. 효과적인 반목양	14. 어린이 구원상담	
	15. 반 운영과 관리	

3. 교사 관리

(1) 지속적인 관심과 훈련

교사의 관리는 유지(Retain)와 성장(Groth)의 양면을 고려해야 한다. 이러한 맥락에서 임명 받은 교사들에게 계속적인 지원 체계를 가동하지 않는다면 교회학교는 심각한 실수를 하고 있는 것이다. 교사들이 일단 가르치는 일을 시작하면 그들에 대하여 잊어 버리기 쉽다. 무엇보다 중요한 것은 교사는 재충전이 필요하다. 그들이 받은 기본적인 훈련만으로는 충분하지 못하며, 전문적인 기술을 발전시켜 나갈 수 있도록 도와주며 그들의 창의성을 촉진시키는 부차적인 훈련이 필요하다.

(2) 교사가 사역을 그만두고 싶을 때

교회학교 사역의 현장에서 임명 받은 그 해를 다하지 못하고 중도에 하차하는 교사나 1년 동안은 감당하나 다음 해의 교사 지원에서 자진하여 임명 보류를 요청하는 경우를 종종 목격하게 된다. 교사가 받은 바, 사명의 위치에서 그만두고 싶을 때는 언제인가 살피고 이에 대한 방안을 생각하여 보자.

첫째, 어린이로부터 혹은 동료 교사로부터 인정 받지 못할 때 교사는 사의를 표명하게 된다.

둘째, 재능에 따라 직임을 맡지 못했을 때, 능률이 저하되어 열등감을 느끼게 되며 부적임자라고 생각될 때 교사는 사의를 표명하고 싶어한다. 적절한 직책은 중요한 것인 만큼 신중히 해야 할 것이다.

셋째, 교사의 인기 정도나 특출한 교사가 지나치게 부각될 때, 신임교사나 다른 교사는 스스로 무용지물로 생각하게 된다. 이런 점은 서로 주의해야 하지만 미처 파악하지 못하는 경우가 있다.

넷째, 행정처리가 적절하지 못한 경우이다. 행정을 전담하는 부서의 실수로 또는 부서장의 편견으로 지나치게 연약한 반이 책망을 받거나 지적이 될 때, 또는 사역의 평가에 대하여 불공평하다고 느낄 때 교사는 자신이 무능하여 그렇다고 자책하게 된다.

다섯째, 부적절한 시설과 교육환경이다. 신입교사에게는 어린이를 다루는 능력이 부족하므로 이 문제는 중요하다.

(3) 교사의 유지 방안

첫째, 열심 있는 교사의 영적 성숙을 위해 노력하라. 신입교사의 태도는 열심 있는 선임교사들의 영향을 받는다. 그러므로 열심 있는 성숙한 교사들의 태도는 아주 중요하다. 그들의 모든 모습은 교역자의 권유보다도 훨씬 더 설득력을 가지게 된다는 사실을 기억해야 한다.

둘째, 다른 교회의 교사와 교류케 한다. 본 교회에서 열심이 없던 자들도 교사들끼리 모이면 서로 영향을 주어 자기에게 부족한 새로운 점을 발견하게 된다. 오랫동안 함께하던 교사에게서 느낄 수 없었던 점들을 느끼게 되어 열심이 생기게 된다. 이런 점에서 교사대회 또는 교사연합회 활동, 다른 교회 탐방이 의미를 가지게 될 것이다.

셋째, 통신 프로그램을 통하여 교사의 관심이 교회학교에 머물도록 해야 한다. 교회 자체의 프로그램이나 상급 기관이 가진 것을 활용하는 것이 가능하다. 이슬비 전도편지를 활용하는 것도 하나의 방안이다.

넷째, 교사들 사이에 소그룹을 활성화한다. "학년 교사회", "부서별 모임", "교사대학 동기회" 등등의 모임을 진행하며 서로 사명감을 고취시킨다.

다섯째, 교사 능력제를 실시하라. 학생이 많다는 이유로 분반을 하기보다는 한 교사가 자기의 능력 것 반을 늘려가며 담임을 하게 한다.

실제로 "부산서부교회"의 경우 한 교사가 100명 이상의 목표에 대하여 도전하며 긍지를 느끼게 한다. 동시에 다른 교사들에게는 목표를 가지게 하며 선의의 경쟁을 가져오게 한다.

여섯째, 교사의 관리체계를 검토하라. 교사는 정교사, 보조교사, 대체교사, 교사 보조원으로 나눈다. 정교사는 가장 중요한 위치에 있다. 교사라기보다는 반의 목회자라는 사명의식이 요구된다. 보조교사는 정교사를 보조해서 뒤에서 도와주는 자이다. 그는 정교사에게 교육 받고 있는 중이며, 가능하면 자주 자신이 원하는 학년 교실을 참관해 본 사람이어야 한다. 보조교사는 매주 수업을 가르치지 않는다 하여도 그 주에 공부할 내용을 항상 준비해 두어야 한다. 대체교사는 정교사 또는 보조교사가 가르칠 형편이 안 되는 불가피한 상황에서 가르치게 된다. 교회학교의 특별한 집회 또는 겨울,

봄, 여름성경학교 등에서 가르치게 된다. 교사 보조원은 수업을 가르치거나 준비하지는 않지만 교실 안에서 실제적인 활동들을 도와주는 교사 보조원이다. 피아노에 재능이 있거나 행정 처리에 능한 사람, 특별한 재능이 있어서 특활반을 맡은 사람 등이다.

4. 교회, 교단, 선교단체의 역할

이렇게 중요한 교회학교 교사교육을 위해 교회와 교단 외부 선교단체로 나누어 살펴보자.

(1) 교회의 역할

김희자는 그의 "교회교육구조 진단 및 분석에 관한 연구"에서 부흥하는 교회와 그렇지 못한 교회의 교육구조와 프로그램을 분석하고, 이를 바탕으로 교회학교의 개선 방안을 제시하는 연구를 하였다.[160] 그녀는 장로교회 중에서 대, 중, 소형 교회 29개를 선정하여 교육 구조를 분석하였고, 이 연구를 시점으로 5년간 증가 추세에 있는 교회(17개)와 감소 추세에 있는 교회(12개)를 비교하였다. 이를 바탕으로 그녀는 증가 추세에 있는 교회들은 지역사회에 적극적으로 참여하는 프로그램

---

160) 김희자, "교회교육구조 진단 및 분석에 관한 연구, 대한예수교장로회(합동, 통합) 교단을 중심으로," 기독교교육 정보 제9권(2004. 10): 462.

을 가지고 있고, 전도 프로그램이 다양하게 존재하고 있으며, 성실한 교사교육의 수행이라는 특징을 보이고 있었다고 밝히고 있다. 뿐만 아니라 성장하는 교회는 교육 지도자가 최소한 3년 이상 교육을 담당하고 있었다. 반면 감소하는 교회는 목회적 차원이나, 구조적 차원, 교육적 원인, 행정적 원인에서 문제가 있었던 것으로 나타나 있다.

교회의 교회학교 부흥 의지는 담임목사의 의지와 직결됨에도 불구하고, 유감스럽게도 담임목사의 교회학교 교육에 대한 장기적 비전 부족과 성인 중심 목회가 교회학교 침체의 원인 중에 하나이다. 이를 위해서 교사들은 담임목사의 의식이 먼저 바뀌어야 한다고 연구자의 설문에서 지적한다. 이들이 교회학교와 다음세대의 교육이 얼마나 중요한지 인식하는 것으로부터 교회학교의 부흥은 시작될 수 있다. 이와 같은 담임목사의 교육적 인식 부족은 교육이 본질이 아니라 2차적인 것으로 인식하는 분위기를 형성하고, 이것은 중직자 및 의사결정권자의 교회학교 경시풍조를 음으로 양으로 조장하며, 결국 교회학교에 대한 재정 및 인력 지원을 소홀히 하게 하는 악순환을 낳는다.

이승하는 한국 교회의 갱신의 필요성을 강조하는 가운데 교회갱신은 목회자의 잘못된 교육적 의식의 변화에서부터 시작되며, 한국 교회의 미래는 현재의 교회학교 학생들에게 있음을 알아 이들을 미래의 일꾼으로 보고 열심히 교육해야 하며 이 같은 교육적 의식을 바로 갖고 교회를 갱신했을 때 세계선교의 의무도 감당할 수 있을 것이라고 하였다.[161]

---

161) 월간 교사의 벗 엮음, op. cit., 23-4.

교회학교의 교육전도사나 교육목사와 관련해서 가장 큰 문제점으로 지적된 것은 이들의 전문성과 경험 부족, 그리고 해당 부서에서의 짧은 사역 기간이다. 이것은 한국 교회 교육전도사의 가장 핵심적인 문제이다. 교육전도사들이 교육 전문가로서 훈련받거나 교육받지 않은 상태에서 교회학교 사역에 참여하므로써 교회교육을 비전문화하였다. 뿐만 아니라 이들은 한 부서에서 오랫동안 사역하지 못하고, 1, 2년 후 다른 부서나 다른 교회로 옮김으로써 교회학교 교육을 장기적인 차원에서 기획하거나 운영할 수 없도록 하는 요인이 되고 있다.

이와 같은 맥락에서 교회학교의 부흥을 위한 전담교역자의 교육이 가장 시급하고 중요하다고 지적되었다. 이들을 위한 교육은 신학교에서의 교회교육으로 시작되어야 하고, 또한 '교회학교 전도사를 위한 계속교육'으로 이어져야 한다. 또한 빈번한 자리 옮김 현상을 막기 위하여 '교회학교 교역자의 전임제도 실시'가 교회학교 부흥을 위하여 반드시 필요한 조건이다. 교회학교 전임교역자 제도는 교회 자체의 교육 의지에 달려 있다. 교회가 교육을 중시하고, 전임제를 실시하는 용단을 내리는 것은 교회의 교회학교 부흥 의지에 달려 있는 것이다.

(2) 교단의 역할

교회학교 활성화를 위하여 담임목사 자신과 교회 전 구성원의 노력이 우선적인 요인임을 부인할 수 없다. 하지만 효과적인 교회학교 성장을 위하여서는 교단 차원의 후원은 꼭 필요하다.

첫째, 교육정책의 수립과 제시이다. 교단 차원의 정책과 실천 방안이 먼저 제시되어야 산하 교회들의 교육 방향이 그에 따라 설정될 수가 있다. 교회교육 정책과 실천 방안의 제시를 위해서는 먼저 교단 내의 각계 각층의 의견을 수렴할 수 있는 담당부서의 책임자가 있어야 한다. 이러한 책임자와 담당부서를 중심으로 정책을 제시하고 자문할 수 있는 분과별 및 분야별 협의체가 구성되는 것이 바람직하다.

둘째, 교과과정 및 교재 개발이다. 교단 총회교육부의 당면한 과제 중 중요한 것은 교단의 신학사상에 부합되는 교재의 개발 및 교육과정의 개발을 위한 장기적인 계획을 수립함으로써 신학적으로 건전하게 교회학교가 발전하고 성장하는데 도움을 줄 수 있게 된다. 이를 위하여 교육과정 연구위원회가 설치되어야 하고 이 위원회의 연구결과에 따라 분과별 교육과정이 확정되고 그에 따라 교재가 집필, 편집되어야 한다. 이렇게 개발된 교재는 교사와 학생들에게 좀 더 적합한 교재가 됨으로써 학생들의 영적 성장을 초래하게 되고 나아가 교회학교의 내실화 및 성장을 가져오게 되는 것이다. 반면에 교육교재 내용의 부실은 교사와 학생 모두에게 의욕을 상실케 하고 성장을 느리게 하거나 심지어는 퇴보하게 하는 원인이 된다.

셋째, 교사 양성(또는 교육) 프로그램의 개발 및 시행이다. 교회학교의 성장요인 중 가장 중요한 요소는 교사이기 때문에, 교사를 교육하여 능력 있는 일꾼으로 성장시키는 것이 교회학교의 성장에 있어 필수적이다. 그리하기 위하여 현재의 수동적이고 소극적인 교사자격을 위한 프로그램보다는 좀 더 적극적이고 능동적인 교사교육 프로그램의 개발이 이루어져야 한다. 이러한 사역을 감당하기 위하여서는 연구위원회의 조직이나 나아가 더 크게는 전문기구를 설립 운영하여야 한다. 그리고 그것과 함께 교사교육 프로그램을 시행하고 지도할 교육 담당자(교육목사 Minister of Christian Education 또는 교육지도 담당자 Director of Christian Education)의 확보와 양성도 시급하다. 이러한 교단 차원의 교육 담당자를 위하여서는 세미나, 연수 과정 등을 통한 교육과 함께 좀 더 조직적으로는 신학교의 기독교 교육학과정을 이수케 함으로써 해결될 수 있을 것이다.

한국 교회와 각 교단들은 교사들로 주님을 닮은 교사가 되게 하는 교육과 훈련에 온 힘을 기울여야 할 것이다. 교사교육 활성화는 교육의 개별적인 주체들의 노력만으로 되어지는 것이 아니다. 총회 차원에서 거시적 안목을 가지고 이루어져야 한다. 이를 통하여 교사 자신을 세우고 각 교회, 노회, 나아가 교단의 활성화를 가져와야 할 것이다.

(3) 외부 선교단체의 역할

교회 밖의 선교단체는 다음세대 사역에 대하여 상당한 노하우를 가지고 있다. 지금까지 일정 부분 외부 선교단체가 교회교육을 담당하여 왔던 것이 사실이다. 설문한 결과를 볼 때 어린이전도협회, 한국어린이교육선교회, 파이디온, 윙윙 등 외부 어린이 선교단체들은 한국 교회 교회학교를 세우는 일에 공헌을 하였다. 목양교사훈련원의 목양교사수련회, 목양교사 집중훈련, 목양교사대학 등 교사를 세우는 일을 위하여 결정적인 역할을 하였다는 긍정적인 답변을 하고 있다. 교회 밖 선교단체와 협력사역을 할 때에는 반드시 교회론을 생각하여야 하고 우리 교회 교육철학과·목표에 합당한 여부를 먼저 살펴보아야 한다. 그 결과 취할 바를 취하고 버릴 것은 과감하게 버려야 한다. 외부 선교단체의 고급 자원과 교회교육이 바르게 접목할 때 다음세대 교육의 시너지 효과를 가져올 수 있다.

(4) 요약

교회, 교단, 선교단체가 현재 진행하는 교사교육의 프로그램과 문제점들을 종합적으로 분석하는 중에 교사강습회는 지나치게 방법 면으로 기울었고, 교사대학은 지나치게 학적이고 이론적인 지식 위주로 치우쳐 있음을 지적하였다. 교사교육에서 지식적인 면을 도외시 할 수는 없으나 그와 함께 교사들의 심령에 불을 붙이는 교육이 필요하며 교사들의 성령충만과 경건생활, 그리고 열정과 사명감이 불타오르도록 하기 위하여 교사 영성수련회나 특별기도회, 말씀과 기도 중심의 강습회 프로그램들이 많이 개발되어야 할 것이다.

5. 목양교사 사역을 적용할 때 유의 사항

첫째, 목양교사 사역은 다음세대를 주 대상으로 한다.

60-70년대 한국 교회 교회학교는 차고 넘쳤다. 이들이 80년대 한국 교회의 부흥을 일구었고 교회의 일꾼으로, 지도자로 일하고 있다. 그러나 그 후 교회학교는 침체되고 미래의 일꾼을 양육하지 못했고, 거룩한 신부로서 살도록 훈련하지 못했다. 하나님이 한국 교회를 사랑하여서 다음세대를 살리는 일을 하게 하신다. 다음세대를 준비하여야 하나님이 다음세대를 사용한다. 목양교사 사역은 교회를 건강하게 세우는 운동이다. 지금까지 한국 교회는 청장년 중심의 제자훈련을 해왔다. 목양교사 사역은 다음세대 사역을 통한 장년의 제자훈련이다. 어린이가 제자로 세워지고 교사가 목양제자로 세워진다. 오순절 성령 부으심의 조건은 어린이, 청년, 어른 할 것 없이 통합(욜 2:28)으로 모여 있으므로 이루어졌다. 다음세대를 중심으로 목양교사 사역을 하므로 같은 비전, 같은 목표를 가져야 한다.

둘째, 목양교사 사역은 영적전투에서 승리해야 이루어진다.

목양교사를 잘 하려면 영적전투를 알아야 한다. 그 지역을 복음화하려면 영적전쟁에서 이겨야 한다. 하나님은 영적전쟁에서 승리하기를 원하신다. 영적전쟁은 부흥으로 나아가는 단계이다. 교회에 영적전투는 있지만 승리는 교회의 것이다. 목양교사 사역은 영적전쟁에서 승리하는 성도로 키우는 것이다. 영적전쟁은 목양제자를 만들기 위한 축복이다. 영적전투에서 이기려면 기도로 무장해야 한다. 교회뿐만 아니라 현장으로 나가야 한다. 현장에 나가 여리고 기도(땅 밟기)를 하고 영적으로 전투를 수행해야 한다. 마귀는 교회를 이기지 못 한다. 목양제자의 영적전쟁의 핵심은 말씀 선포이다. 말씀으로 영적전투에서 승리해야 한다.

셋째, 목양교사 사역에 목양의 기름부음을 받아야 한다.

주님을 부인하던 베드로가 순교할 수 있는 제자가 된 것은 목양의 기름부으심(요 21장)에 있다. 부활하신 주님이 베드로를 만나고 "나를 사랑하느냐?" 세 번 물으신 후 "내 어린 양을 먹이라, 내 양을 치라, 내 양을 먹이라" 하시며 베드로에게 양을 맡기셨다. 베드로는 목양을 하면서 바뀌었다. 복음서의 베드로가 사도행전의 베드로로 바뀌었다. 주님이 목양하라고 베드로에게 명령하셨고 결국 목양을 할 때 사도행전의 베드로가 될 수 있었다. 목양함으로 목양의 영성을 받는다. 목양함으로 베드로는 변화되고 목양을 받은 초대 교회 성도들은 같은 순교의 영성으로 살았다.

넷째, 목양교사 사역은 바른 교회론에 근거해야 한다.

주님이 세운 교회는 전도하여 양을 낳고 제자로 양육하는 교회이다. 목양하는 교회를 목양교회라 하며, 모든 성도가 목양교사를 하도록 지도한다. 목양교회를 만드는 가장 중요한 마인드는 전 교인을 목양교사로 세우는 것이다. 목양교사는 은사가 아니다. 목양교회는 목회자와 전 교인이 목양의 비전으로 하나 되어 있다. 주님은 전도하고 제자삼으라 명하셨다. 모든 성도들을 목양제자의 기준으로 보아야 한다. 교회를 세우는 이유는 목양제자를 만들기 위함이다. 목양교사를 하는 교회는 목양의 목표가 같기 때문에 하나가 된다.

다섯째, 목양교사 사역의 시스템이 구축되어야 한다.
주님이 제자를 부르는 기준이 없다. 목양교사 사역이 어디서든지 되는 것은 제자에 대한 마인드가 다르기 때문이다. 제자는 누구든지 된다. 배워서 하는 것이 아니라 사역함으로 제자가 되는 것이다. 주님의 제자를 만드는 방법은 제자를 삼으면 제자가 되는 것이다. 다른 제자훈련은 제자로 세워서 제자를 만들려고 한다. 목양교사 사역은 다른 제자훈련과 다르다. 목양교사 사역은 목양을 경험함으로 목양을 아는 것이다. 성도들로 하여금 기도, 전도, 양육, 심방하게 하면 된다. 목양함으로 인하여 목자이신 주님의 마음을 알게 된다. 주님은 현장을 중심으로 제자훈련을 하셨다. 목양교사는 현장을 중요시 하는데, 청장년 대상으로는 현장훈련이 어렵다. 하지만 어린이는 매주 심방이 가능하다. 그러므로 어린이 현장이 제자훈련에 가장 적합하다. 어린이를 대상으로 목양함으로 다음세대를 살리고 교사 자신도 제자가 되어진다. 목양 안에 전도가 있고, 교제가 있고, 목양 안에 모든 것이 다 들어 있다. 목양 안에 모든 사역이 다 들어가야 한다.

여섯째, 목양교사 사역의 4가지 전략을 시행해야 한다.
① 기도가 전략이다.

주님의 핵심 사역의 한 축이 기도이다. 기도하는 사람이 목양제자가 되어진다. 기도함으로 동역자가 되고, 제자가 된다. 목양교사 사역은 토종기도 사역을 한다. 부르짖는 기도, 통성기도는 한국적 토종기도이다. 목양교사 사역에서 기도는 승리로 가는 전략이다. 목양교사는 하루 한 시간을 맡은 아이를 위하여 기도한다.

② 전도가 전략이다.

전도를 평생해야 한다면 어린이를 대상으로 전도하는 것이 좋다. 어른 전도에 비하면 어린이는 아직은 옥토이다. 어린이 전도는 토요일 전도에만 매달리지 말고 주간 전도를 해야 한다. 전도는 지역에서 하는 것이 좋다. 전도된 사람을 데리고 교회로 오거나 심방할 것을 염두에 두고 항상 해야 한다. 전도를 하도록 가르치는 것이 목양의 전략이다. 목양교사는 1주간 1시간 전도한다.

③ 양육이 전략이다.

양육하는 것은 목양제자를 만들기 위함이다. 양육을 반복해서 해야 한다. 양육을 해야 목양의 영성을 받는다. 양육함으로 리더가 세워져야 교사가 힘을 얻는다. 목양교사는 1주간 1명 일대일로 양육한다.

④ 심방이 전략이다.

목양사역에서 심방은 양육심방이고 축복심방이고 어린이 가정의 영적 어두움이 권세를 꺾는 심방이다. 심방은 목자의 핵심 사역이다. "네 양떼의 형편을 부지런히 살피며 네 소떼에게 마음을 두라"(잠 27:23). 목양교사는 다음 주일이 오기 전에 전 재적생을 심방한다.

일곱째, 통합예배로 가야 한다.

통합예배란 어린이와 중고등부 청년부, 장년부 등 모든 세대가 함께 예배드리는 것을 의미한다. 통합예배는 인위적으로 안 된다. 목양교사 사역이 교회에 먼저 정착되어야 한다. 통합은 성령의 기름부음이 있어야 가능하다(욜 2:28). 성령의 기름부음은 전 세대가 하나의 비전을 품을 때 임한다.

여덟째, 무학년제로 가야 한다.

무학년제는 목양의 정신이다. 목양의 정신은 자신이 전도했으면 자신이 양육하는 것이다. 자신이 전도한 영혼은 모두 관리하고 양육한다. 무학년제는 통합의 정신으로 가능하다. 무학년제는 교사와 어린이가 함께 예배를 드리고 함께 기도하고 함께 전도하고 함께 양육하고 함께 심방한다. 무학년제가 되어야 통합예배가 된다. 통합예배가 되어야 성령의 기름부으심이 있다.

제7장

결론과 제언

제7장
•••

결론과 제언

1. 결론

본 연구를 통한 발견과 제안을 종합하여 요약하고, 침체에 빠져 있는 교회학교에 활력을 불어넣어 미래인 다음세대 사역을 회복할 수 있는 결론적인 방안을 제시한다.

본 연구에서는 교회학교의 쇠퇴 현상을 진단하는 다양한 연구가 있고, 다시 교회학교를 활성화하자는 한국 교회 자성의 목소리가 높지만 연구의 결과 침체된 한국 교회 활성화 방안 중에 통합적으로 해결하려는 논의가 부족했음을 볼 수 있었다. 교회학교의 활성화가 한국 교회의 부흥에 직결된다는 인식은 가지고 있지만, 보다 구체적이고 통합적인 방안을 제시하지 못하는 것이 현실이다. 교회학교 활성화의 주역은 교사이다. 교사를 모집하고 교육하고 훈련하는 면에서는 간헐적으로 진행하지만 미봉책일 때가 많은 것이 사실이다. 본 논문은 침체에 빠져 있는 교회에 활력을 불어넣는 방안을 찾는 것이다. 한국 교회의 미래인 다음세대 사역을 회복할 수 있는 방법 가운데 하나가 목양교사 사역임을 제시한다.

평신도가 한 반을 맡아 목양교사를 함으로써 반이 부흥하고, 교회학교가 회복되며 교회가 활성화될 수 있다는 사실에 초점을 두었다. 교회학교 활성화에 교사가 핵심인데, 그 교사가 직접 전도하여 기도와 말씀으로 양육하며 양떼의 형편을 부지런히 살피는 목양을 함으로 교회학교가 회복될 수 있다는 점에 의의가 있다고 하겠다. 그리고 선행 문헌 연구에서 보고된 바와 같이 교사를 세우고 교육하는 데 있어서 구체적, 체계적, 전문적이지 못하다는 사실을 다시 한번 확인하고 목양교사훈련원의 사역과 연계하여 통합적인 목양교사 교육을 제안하였다.

2. 연구의 함의 및 제언

본 연구에서 참여 관찰을 통한 발견을 분석 제시하고 실천적 제안을 결론적으로 요약한다.

(1) 이론적 함의

첫째, 연구 결과 목양교사 사역은 교회학교뿐만 아니라 교회와 목양하는 교사 자신에게까지 긍정적인 변화가 있었음을 볼 수 있다. 목양교사가 평생 자기 양떼를 돌보는 교사이며 전도하고 제자삼기 위해 통합반을 운영하며 전 세대가 하나되는 통합예배는 목양교사 사역으로 건강한 교회를 세우는 이론적인 근거를 제시한 부분이다.

둘째, 본 연구의 결과로 얻어진 자료는 침체의 길로 들어선 한국 교회와 교회학교 활성화에 유익하게 활용될 것으로 기대한다. 교회 자체적으로 바꿀 수 없는 요인들이라 할지라도 앞서 제시한 목양교사를 실행하는 세 교회를 통해 목양교사 한 사람을 세움으로 교회학교만 아니라 교회 전체에 선한 영향력을 미칠 수 있음을 보게 된다.

셋째, 본 연구는 교회학교뿐만 아니라 전 교회, 전 기관이 목양을 적용하므로 같은 마음으로 하나되는 면에 많은 기여를 할 수 있다.

(2) 실천적 함의

본 연구의 결과와 분석을 통한 연구자의 경험에서 도출된 몇 가지 실천적 함의를 제시하면 다음과 같다.

첫째, 침체된 교회학교의 활성화 방안으로 목양교사 사역이 이루어지도록 교회의 담임목회자와 교육을 책임 맡은 교육위원회와 교육부의 교역자, 교사들까지 목양교사가 전도하고 제자삼으라는 예수님의 지상 대명령과 서로 사랑하라는 대헌장을 이루는 사역임을 인지하고 받아들일 필요가 있다.

둘째, 목양교사 사역으로 교회학교가 활성화되기 위해서는 교단과 노회(지방회), 교회학교 연합회가 발달 심리를 중심으로 하는 학년제를 고수하므로 교사들이 전도하고 제자삼는 사역을 가로막고 있는데, 성경적인 목양교사를 받아들여 교회학교에 새 역사가 쓰여질 수 있도록 해야 한다.

셋째, 담임목회자와 설교자는 기회가 주어지는 대로 전 교인들에게 목양교사가 무엇인가를 알려야 하고, 전 교인이 목양교사를 하도록 인도해야 한다.

넷째, 각 교회가 목양교사를 세우는 일을 진행해야 하지만 대외적으로 네트워크를 할 필요가 있다. 목양교사훈련원 사역을 연계하며, 목양하는 다른 교회를 탐방하며, 목양하는 지역교회들을 연계하여 목양교사하며 겪는 어려움을 극복해야 한다. 목양교사를 지속하기 위하여 사명감을 고취하는 사역도 빼놓지 말아야 한다.

(3) 연구의 한계와 후속 연구를 위한 제언

본 연구는 연구자가 참여하였고 현재 목양교사를 실시하는 200명 미만의 소형 교회를 대상으로 설문조사를 하여 분석하였다. 그러므로 중·대형 교회에 대한 접목을 연구하는 데는 부족한 면이 있다. 목양교사를 중·대형 교회에 접목하기 위한 연구가 반드시 있어야 한다.

목양교사 사역의 분석 대상 교회는 목양교사 사역을 하고 있는 교회들이다. 일반적인 교회학교 목회자와 교사들에게 구체적으로 목양교사를 도입하기 위해 무엇이 필요한가 하는 후속 연구가 필요하다.

참고문헌 BIBLIOGRAPHY

(1) 국내 문헌

1. 단행본

곽안련. 한국 교회와 네비우스 선교정책. 서울: 대한기독교서회, 1994.
김국환. 기독교교육 사역론. 서울: 대한기독교교육협회, 1993.
김득룡. 기독교교육 원론. 서울: 총신대학출판부, 1991.
_____. 주교 교육학. 서울: 한국복음문서연구회, 1974.
김문철. 교회교육 교사론. 서울: 종로서적, 1989.
김수진. 평신도 운동과 교회성장. 서울: 대한예수교장로회 총회 출판국, 1989.
김희자. 기독교 어린이 교육. 서울: 대한예수교장로회 총회, 2003.
박명홍. 교사, 성공적인 가르침의 열쇠. 서울: 은혜출판사, 1996.
박상진. 교회학교 부흥을 위한 교사교육의 새로운 패러다임. 서울: 예영커뮤니케이션, 2007.
박종우. 성장하는 주일학교 리포트. 서울: 야곱의 우물, 2010.
백영희 목회연구소 편. 새로운 주일학교 운영의 실제. 서울: 기독지혜사, 1992.
안인희. 교육고전의 이해. 서울: 이화여자대학교출판부, 1989.

엄요섭. 한국기독교교육사 소고. 서울: 대한기독교교육협회, 1959.

오인탁. 기독교교육. 서울: 종로서적, 1984.

오인탁, 정웅섭. 교회 교사교육의 현실과 방향. 서울: 대한기독교출판사, 1987.

오인탁, 은준관, 정웅섭, 고용수, 김재은. 기독교 교육론. 서울: 대한기독교교육협회, 1996.

오인탁, 강용원, 권용근, 김도일, 박상진, 백은미, 송순재, 오성주, 이금만, 이석철, 한춘기. 기독교 교육사. 서울: 기독한교, 2008.

월간 교사의 벗 엮음. 2천년대를 향한 교회교육 현장백과 2. 서울: 말씀과 만남, 1994.

윤희주. 알기 쉬운 성경강해 사도행전, 하. 서울: 보문출판사, 1999.

은준관. 기독교교육 현장론. 서울: 대한기독교출판사, 2002.

_____. 기초교육. 서울: 대한기독교서회, 1988.

_____. 주일교회학교 교사교육과정 기초교육. 서울: 대한기독교서회, 1994.

이만열. 한국기독교 문화운동사. 서울: 한국기독교100년사대전, 1992.

이성삼. 한국감리교사. 서울: 대한기독교감리회, 1980.

이숙종. 기독교교육 개론. 서울: 기독교서회, 2006.

이영인. 주일학교의 성경적 운영. 서울: 명범, 1997.

장원철. 기독교 교육사. 서울: 대한예수교장로회총회 출판부, 1999.

정웅섭. 기독교교육 개설: 수정. 증보판. 서울: 대한기독교교육협회, 1996.

정일웅. 교육 목회학. 서울: 솔로몬, 1993.

정정숙. 기독교교육사. 서울: 도서출판베다니, 1997.

_____. 종교개혁자들의 교육사상. 서울: 총신대학출판부, 1996.
조종제. 교사의 영성을 깨워라. 서울: 은혜출판사, 2004.
한미라. 개신교 교회교육. 서울: 대한기독교서회, 2005.
한성천, 김시열. 옥스퍼드 원어성경대전, 사무엘상 제1-10장. 서울: 제자원, 2002.
_____. 옥스퍼드 원어성경대전, 사도행전 제1-7장. 서울: 제자원, 2001.
_____. 옥스퍼드 원어성경대전, 사도행전 제8-14장. 서울: 제자원, 2001.
_____. 옥스퍼드 원어성경대전, 사도행전 제15-21a장. 서울: 제자원, 2004.
한성택. 기도 전도 양육 심방 목양 이야기. 부산: e뉴스한국, 2014.
_____. 목양사역 교회들의 10배 부흥 이야기, 6개월의 기적. 부산: 목양교사훈련원, 2007.
_____. 목양사역 지침서. 부산: 목양교사훈련원, 2007.
_____. 하나님이 꿈꾸는 세대간 통합비전. 부산: 목양교사훈련원, 2007.
한춘기. 교회교육의 이해. 서울: 한국로고스연구원, 1996.
_____. 교회교육 코칭. 서울: 대한예수교장로회총회, 2014.
_____. 한국 교회 교육사. 서울: 대한예수교장로회총회, 2006.
황성철. 칼빈의 교육목회. 서울: 이레서원, 2002.

2. 번역서적

노르만 E. 하퍼. 제자훈련을 통한 현대기독교 교육. 이승구 역. 서울: 정음 출판사, 1987.

랄프 W. 클레인. 사무엘상. WBC 성경주석. 김경열 역. 서울: 도서출판 솔로몬, 2004.

로버트 E. 슬로컴. 평신도 목회의 극대화. 서병택, 서병채 공역. 서울: 평신도목회자연구소, 2003.

로버트 W. 파즈미뇨. 교사이신 하나님. 조혜정 역. 서울: 크리스챤 출판사, 2005.

로이 B. 주크. 바울의 티칭 스타일. 김태한 역. 서울: 도서출판 디모데, 2002.

_____. 예수님의 티칭 스타일. 송원준 역. 서울: 도서출판 디모데, 2000.

루이스 L. 쉐릴. 기독교교육의 발생. 이숙종 역. 서울: 대한기독교서회, 1994.

마크 데버. 신약성경의 핵심 메시지. 김귀탁 역. 서울: 부흥과개혁사, 2008.

멜빈 J. 스타인브론. 교회를 움직이는 평신도. 서병채 역. 서울: 평신도목회자연구소, 2001.

_____. 목회 혼자 할 수 있는가?. 서병채, 김종태 공역. 서울: 평신도목회자연구소, 1998.

알란 스트링펠로우. 인물별 성경연구. 두란노출판부 편집. 서울: 두란노, 1994.

엘머 L. 타운즈. 인물중심의 종교교육사. 임영금 역. 서울: 대한예수교장로회 출판국, 1984.

제이 더블유 C. 완드. 근세교회사. 이장식 역. 서울: 대한기독교서회, 1961.

존 스토트. *사도행전 강해*. BST 시리즈. 정옥배 역. 서울: 한국기독학생회 출판부, 1992.

케네스 O. 갱글, 워렌 S. 벤슨 공저. *기독교 교육사*. 유재덕 역. 서울: 기독교문서선교회, 1992.

히뽈리뚜스. *사도전승*. 이형우 역. 서울: 분도 출판사, 1992.

토마스 아퀴나스. *신학대전 12*. 제1부 제64문제 - 제89문제. 정의채 역. 서울: 바오로 딸, 2013.

The Evangelical Teacher Training Association. *훌륭한 교사*. 김순희 역. 서울: 생명의말씀사, 2001.

3. 정기간행물

류응렬. "개혁주의 설교와 4인의 설교 연구." *개혁논총*. 개혁신학회 논문집 제4권(2006년 3월): 53-111.

기동연. "구약시대의 공적인 형태의 신앙교육." *성경과 신학*. 제75권(2015년 4월): 35-67.

김희자. "교회교육 구조 진단 및 분석에 관한 연구, 대한예수교장로회(합동, 통합) 교단을 중심으로." *기독교교육 정보*. 제9집(2004년 10월): 453-476.

문병호. "교리와 교육: 칼빈의 제1차 신앙교육서를 중심으로." *개혁논총*. 제11호(2009년 가을): 313-344.

양금희. "교육의 관점에서 읽는 칼빈의 교회론." *장신논단*. 제17권(2001년 12월): 464-484.

오인탁. "21세기 교회교육의 전망." *기독교 교육논총*. 제2권(1997년 7월):

9-40.

윤석길. "권면과 위로의 사역자 바나바(사도행전 11:19-26)." *활천*. 제634권(2006년 9월): 38-41.

윤철원. "알렉산드리아의 아볼로에 대한 새로운 읽기." *신약논단*. 제3권 (1997년 12월): 125-141.

이상목. "하나님의 영 그리고 하나님의 영을 받은 사람들(고린도교회의 정황과 고린도전서 2:10-16)." *신약연구*. 제14권(2015년 4월): 493-515.

이환봉. "칼빈의 교육적 유산: 제네바 아카데미의 교육 원리와 실제." *고신신학*. 제2권 (2000년 겨울): 191-224.

정일웅. "교회주일학교 교사훈련과제와 방법." *신학지남*. 제236권(1993. 여름): 128-135.

4. 참고 논문

김순찬. "돕는 자로서의 교회학교 교사교육에 관한 연구." 석사학위논문, 안양대학교, 2008.

류은정. "교회교육을 위한 교사의 정체성에 관한 고찰." 석사학위논문, 장로회신학대학교, 1999.

양재권. "총회교육정책을 통한 교사교육 활성화 방안 연구(예장 합동 교단을 중심으로)." 박사학위논문, 총신대학교 대학원, 2013.

이기룡. "교회학교 교사교육 비교 분석 및 교사 양성 교육과정 개발: 대한예수교 장로회 주요 세 교단을 중심으로." 박사학위논문, 고신대학교 대학원, 2015.

5. 사전

Encyclopedia Judaica, 16 Vols. New York: Macmillan, 1972.

6. 신문

구권효. "교인은 영양실조, 목사는 비만." 뉴스엔조이. 2014년 10월 10일. http://www.newsnjoy.or.kr/news/quickViewArticleView.html?idxno=197728

조준영. "주일학교 교사의 땀방울." 기독신문. 2012년 8월 13일. http://www.kidok.com/news/articleView.html?idxno=76589.

(2) 국외 문헌

Barclay, William. *The Acts of the Apostles, in The Daily Study Bible*. Edinburgh: St Andrew Press, 1953; 2ndedition,1955.

Brown, C. C. *Developing Christian Education in the Smaller Church*. Nashville: Abingdon Press, 1982.

Byrne, H. W. *A Christian approach to Education*. Milfod: Mott Media, Inc, 1977.

Cober, K. L. *Shaping the Church's Educational Ministry*. Philadelphia: Judson Press, 1971.

Cully, I. V. *New Life for your Sunday School*. New York: Seabury

Press, 1979.

Downs, Perry G. *Teaching for Spirtual Growth*. Grand Rapids: Zondervan Publishing House, 1994.

Eavey, C. B. *History of Christion Education*. Chicago: Moody Press, 1964.

Edwards, M. A. *Leadership Development and the Woker's Conference*. Nashville: Abingdon Press, 1967.

Friedeman, Matt. *The Master Plan of Teaching*. Wheaten, IL. Victor Books, 1990.

Gangel, Kenneth O. & Hendricks, Howard G. *The Christian Educator's Handbook on Teaching* . Wheaton. IL. Victor Books, 1988.

Hodgson, Peter C. *God's Wisdom: Toward a Theology of Education*. Louisville: Westminster/John Knox, 1999.

Huber, E. M. *Enlist, Train, Support Church Leaders*. Philadelphia: Judson Press, 1975.

Luther, M. *Schulpredigt, 1530*. Weimarer Ausgabe30 II, 579f.

Mayer, Frederick. *A History of Educational Thought*. Columbus Oh: Charles E. Merrill, Inc, 1966.

Miller, Randolph. C. *Education for Christian Living*. New Jersey: Prentice-Hall Inc, 1956.

Roehlkepartain, Eugene C. *The Teaching Church: Moving Christian Education to Center Stage*. Nashville: Abingdon Press, 1993.

Sherrill, L. Lewis. *The Rise of Christian Education.* New York: MaCmillan Co, 1944.

Zuck, Roy B. and Getz, Gene A. *Adult Education In The Church.* Chicago: Moody Press, 1970.

부록

(1) 목양교사(목회자) 설문
(2) 목양교사(평신도) 설문

(1) 목양교사(목회자) 설문

미국 에반겔리아(복음) 대학교 – 목회학 박사 논문(교회학교 부흥을 위한 효과적인 방안으로써 목양교사에 관한 연구) 설문지입니다.

연구자 : 성남중앙단대교회, 임계빈 목사,
       010-3340-8944, ikb0918@hanmail.net

본 설문지에 참여해 주셔서 감사합니다.
① 이 설문지는 교회학교 부흥을 위한 목양교사에 대한 인식과 경험, 교회학교 변화에 대한 실태 자료, 연구 자료로만 사용됩니다.
② 참여하신 분들의 개인정보나 소중한 의견은 연구하는 목적외에는 절대로 사용하지 않을 것을 약속드립니다.
③ 참여해 주신 결과로 충실한 연구가 될 수 있도록 최선을 다하겠습니다(설문 결과는 목양훈련원 홈페이지, 책자로 발표할 계획입니다).
④ 설문을 진행하면서 개인적으로 불편한 부분이 있다면 중단하셔도 됩니다.
⑤ 별도의 표시가 없어도 여러 가지가 생각나시면 해당 번호에 O 또는 V로 체크하세요. 해당란이 없으면 기타에 기록하세요.

1) 응답자의 정보

1. 성별을 표시하여 주세요.   ① 남성   ② 여성
2. 본인의 연령대는 어떻게 됩니까?

    ① 20대   ② 30대   ③ 40대   ④ 50대   ⑤ 60대

    ⑥ 70대   ⑦ 기타 (   )

3. 담임 교역자가 현재 교회에서 사역한 연수는 얼마입니까?

    ① 1년 미만   ② 1~3년   ③ 4~10년   ④ 11~20년

    ⑤ 21~30년   ⑥ 30년 이상   ⑦ 기타 (년)

4. 귀 교회가 위치한 지역을 가장 잘 설명하는 것은 무엇입니까?

    ① 대도시   ② 중소도시   ③ 읍면지역   ④ 농어촌   ⑤ 기타 (   )

5. 현재 교회에서 맡은 직책을 표시하여 주세요.

    ① 담임사역   ② 부교역자   ③ 교회학교 부장   ④ 기타 (   )

6. 소속 교단을 기록하여 주세요.

    ① 장로교   ② 감리교   ③ 성결교   ④ 오순절   ⑤ 기타 (   )

7. 교회 담임 목회자의 연령대는 어떻게 됩니까?

    ① 30대   ② 40대   ③ 50대   ④ 60대   ⑤ 70대   ⑥ 기타 (   )

8. 현재 교회가 운영하는 교회학교 부서는 무엇입니까? 해당란에 모두 표시하세요.

    ① 유아부   ② 유치부   ③ 유초등부   ④ 중고등부

    ⑤ 청년부   ⑥ 기타 (   )

9. 귀 교회의 청장년 교인 수는 얼마입니까?

　　① 50명 이하　　② 51~100명　　③ 101~200명

　　④ 201~300명　　⑤ 301~500명　　⑥ 500명 이상

10. 교회의 다음세대(유아, 유치, 유·초등, 중·고등, 청년)는 장년과 대비하여 대략 몇 퍼센트입니까?

　　① 10%미만　② 10~30%　③ 30~50%　④ 50~80%

　　⑤ 80~100%　⑥ 100%이상　⑦ 기타(　%)

2) 목양교사를 만나기 이전 조사

11. 목양교사를 만나기 전 교회학교 사역에 대한 만족도는 어느 정도였습니까?

　　① 매우 만족　② 만족　③ 보통　④ 불만　⑤ 매우 불만

12. 교회학교가 만족스럽지 못했다면 그 이유는 무엇입니까? 해당 내용에 모두 표시하세요.

　　① 교사 사명　② 출석률　③ 빈곤한 프로그램　④ 교사 자원 부족

　　⑤ 다음세대 관심 부족　⑥ 교사훈련　　⑦ 기타(　)

13. 목양교사를 만나기 전 교회학교가 진행한 사역은 무엇입니까? 해당 내용 모두 표시하세요.

　　① 어린이전도협회　② 파이디온선교회　③ 어린이교육선교회

　　④ 윙윙　　　　　⑤ 기타(　)

14. 목양교사와 일반 교회학교 교사는 차이가 있습니까? (있다, 없다)

15. 차이가 있다면 어떤 차이가 있습니까? 해당 내용에 모두 표시하세요.

    ① 사명감　　② 평신도 사역자의 자부심　　③ 반 출석률

    ④ 예배 태도　⑤ 기도/ 전도/ 양육/ 심방 현장　⑥ 헌신도

    ⑦ 목양제자　⑧ 기타 (　　)

16. 교회가 현재 목양교사 사역을 하고 계십니까?

    ① 그렇다 / 17번으로 가세요　② 아니다 / (20번으로 가세요.)

17. 목양교사가 교회학교 활성화에 도움이 된다고 생각하십니까?

    ① 어느 정도 도움이 된다　　② 아주 많이 도움이 된다

    ③ 잘 모르겠다 (19번으로)

18. 도움이 된다면 그 이유는 무엇입니까?

    ① 현장 적용이 뛰어나서　　② 배우기가 쉬워서

    ③ 어느 교회나 할 수 있어서　④ 목양훈련원이 있어서

19. 도움이 안 된다면 그 이유는 무엇입니까?

    ① 현장에 적용하기 어려워서　② 기존 사역과 다르지 않아서

    ③ 내용이 복잡하고 어려워서　④ 교인들 설득이 어려워서

    ⑤ 기타 (　　)

20. 목양교사 사역을 하지 않는 이유는 무엇입니까? 해당 내용을 모두 표시하여 주세요.

    ① 교회학교가 없어서　② 교사가 없어서　③ 목양교사를 모르므로

    ④ 목양을 하다가 실패하여　⑤ 기타 (　　)

21. 교회학교 목양교사를 시작한다면 무엇을 필요로 합니까? 해당 내용에 모두 표시하세요.
   ① 목양교사 동기부여   ② 다음세대 향한 열정 회복
   ③ 주변 다음세대 조사   ④ 교육할 여건 확보   ⑤ 목양교사 확보
   ⑥ 목양교사훈련   ⑦ 기타 (   )

3) 목양교사 사역의 경험과 교육 현황 조사

22. 귀 교회에 목양교사 사역을 한 기간은 얼마나 됩니까?
    ① 1~3년 ② 4~7년 ③ 8~10년 ④ 10년 이상 ⑤ 기타(년)

23. 교회학교 전 부서에 목양하는 교사는 총 몇 명입니까? (부장, 정교사, 보조교사 포함)
    ① 5명 이하   ② 6~10명   ③ 11~20명   ④ 21~50명
    ⑤ 50명 이상   ⑥ 기타 (명)

24. 목양교사 도입 이후 만족도는 무엇입니까?
    ① 매우 만족   ② 만족   ③ 불만족
    ④ 매우 불만족 (그 이유는?   )

25. 목양교사를 권유 받았을 때 처음에 가진 생각은 무엇입니까?
    ① 70, 80년대 한국 교회 ② 세대통합   ③ 교사훈련
    ④ 교사 사명감 고취   ⑤ 교회학교 프로그램
    ⑥ 교회학교 부흥   ⑦ 기타 (   )

26. 교회학교에서 현재 진행하는 목양사역은 무엇입니까? 해당 내용에 모두 표시하세요.

① 겟세마네기도   ② 학교전도   ③ 1:1양육   ④ 주중심방
⑤ 무학년제   ⑥ 통합예배   ⑦ 통합찬양   ⑧ 기타 (   )

27. 현재 교회학교(유초등부 중심)에서 분반공부 시간에 사용하는 교재는 무엇입니까?

① 지난주 목사님 설교   ② 총회공과   ③ 선교회 발행 교재
④ 기타 교재 (   )

28. 목회자로서 어떻게 교회학교 목양에 참여하고 계십니까? 해당란에 모두 표시하세요.

① 예산배정 ② 설교 ③ 겟세마네 기도 ④ 양육 ⑤ 교역자 배정
⑥ 차량운행 ⑦ 교사교육 ⑧ 교사격려 ⑨ 기타 (   )

29. 목양교사를 도입하는데 도움을 주었던 교회 사역들은 무엇입니까?

① 제자양육   ② 교사대학   ③ 교사 부흥회   ④ 교사헌신예배
⑤ 다음세대 외부 세미나   ⑥ 목양교사 하는 교회 탐방
⑦ 목양수련회 참석   ⑧ 기타 (   )

30. 목양교사를 위하여 교회적으로 진행하는 사역에 해당되는 내용에 모두 표시하세요.

① 교사헌신예배   ② 목양교사주일   ③ 교사 격려회
④ 교사대학   ⑤ 교사양육   ⑥ 타교회 탐방
⑦ 정기적인 축하   ⑧ 목양수련회 참석   ⑨ 기타 (   )

4) 목양교사에 대한 교회적 지원 실태와 필요 조사

31. 목양교사를 진행할 때 담임(부서 사역자 포함) 목사의 의지가 얼마나 필요합니까?

    ① 절대적이다   ② 약간의 영향이 있다   ③ 부서가 더 중요하다
    ④ 전혀 영향이 없다

32. 목양교사를 진행하기 위해 교회의 중요한 지원(당회, 제직회, 학부모회)의 협조가 얼마나 필요합니까?

    ① 절대적이다   ② 약간의 영향이 있다   ③ 부서가 더 중요하다
    ④ 전혀 영향이 없다

33. 목양교사를 시작하면서 우리 교회에 일어난 긍정적인 변화가 있었나요? (예, 아니오) 대답이 '아니오' 일 경우 36번으로 가세요.

34. 목양교사가 교회에 가져온 긍정적인 변화는 무엇입니까? 해당 내용에 모두 표시하세요.

    ① 교사의 헌신도   ② 다음세대의 출석률   ③ 교회학교 부서유지
    ④ 교사의 예배 태도   ⑤ 교인들의 다음세대 관심   ⑥ 교회 헌금
    ⑦ 영육의 축복   ⑧ 기타 (   )

35. 목양교사 사역하며 교회가 얻은 것은 무엇인가요? 해당 내용에 모두 표시하세요.

    ① 헌신자/목양제자   ② 교회학교   ③ 교회부흥   ④ 건물/부동산
    ⑤ 헌금   ⑥ 사람   ⑦ 목회자 자신의 소명   ⑧ 기타 (   )

36. 목양교사 사역하며 겪는 어려움은 무엇입니까? 해당 내용에 모두 표시하세요.

① 교사 확보 ② 교인(당회) 설득 ③ 교사훈련   ④ 부모관계

⑤ 재정 확보 ⑥ 교사 관리   ⑦ 사명감 유지 ⑧ 주변 여건

⑨ 기타 (   )

5) 목양교사 사역 이후의 바람

37. 나는 타교회에 목양교사를 소개하시겠습니까?

① 필수적으로 ② 적극적으로 ③ 그리한다 ④ 그리 안 한다

소개 안 한다면 39번으로 가세요.

38. 목양교사 사역을 소개한다면 추천하는 이유는 무엇입니까?

① 교회학교를 위하여   ② 교사 자신을 위하여

③ 목회자를 위하여   ④ 다음세대를 위하여

⑤ 부모를 위하여   ⑥ 건강한 교회를 위하여

⑦ 기타 (   )

39. 교회학교 목양교사를 위하여 목양훈련원이 진행하기를 바라는 내용은 무엇입니까? 해당 내용에 모두 표시하세요.

① 동기부여를 위한 컨퍼런스

② 교사의 질적 성장 위한 집중훈련

③ 지역별 교사부흥회

④ 교사 사례 발표회

⑤ 교회교사훈련

⑥ 정기적인 서적 출간

⑦ 목양하는 교회 지역별 네트워크

⑧ 기타 (   )

40. 목양교사를 받아들여 교회적으로 변화된 것 중에 3가지를 기록하여 주세요. 문항 중에 31, 32번을 참조하세요.

　　1)

　　2)

　　3)

(2) 목양교사(평신도) 설문

미국 에반겔리아(복음)대학교 – 목회학 박사 논문(교회학교 부흥을 위한 효과적인 방안으로써 목양교사에 관한 연구) 설문지입니다.

연구자 : 성남중앙단대교회, 임계빈 목사,
    010-3340-8944, ikb0918@hanmail.net

본 설문지에 참여해 주셔서 감사합니다.

① 이 설문지는 교회학교 부흥을 위한 목양교사에 대한 인식과 경험, 교회학교 변화에 대한 실태 자료, 연구 자료로만 사용됩니다.

② 참여하신 분들의 개인정보나 소중한 의견은 연구하는 목적외에는 절대로 사용하지 않을 것을 약속드립니다.

③ 참여해 주신 결과로 충실한 연구가 될 수 있도록 최선을 다하겠습니다(설문 결과는 목양훈련원 홈페이지, 책자로 발표할 계획입니다).

④ 설문을 진행하면서 개인적으로 불편한 부분이 있다면 중단하셔도 됩니다.

⑤ 별도의 표시가 없어도 여러 가지가 생각나시면 해당 번호에 O 또는 V로 체크하세요. 해당란이 없으시면 기타에 기록하세요.

1) 응답자의 정보

1. 성별을 표시하여 주세요. ① 남성 ② 여성
2. 본인의 연령대는 어떻게 됩니까?

    ① 10대   ② 20대   ③ 30대   ④ 40대   ⑤ 50대

    ⑥ 60대   ⑦ 기타 (   )
3. 본인이 신앙생활을 한 연수는 얼마입니까?

    ① 1년 미만 ② 1~3년 ③ 4~10년 ④ 10년 이상 ⑤ 기타 (년)
4. 귀 교회의 청장년 교인 수는 얼마나 됩니까?

    ① 50명 미만   ② 51~100명   ③ 101~200명   ④ 201~300명

    ⑤ 301~500명   ⑥ 500명 이상   ⑦ 기타 (명)
5. 현재 교회에서 맡은 직분을 표시하여 주세요.

    ① 목회자 사모   ② 장로   ③ 권사   ④ 집사

    ⑤ 성도   ⑥ 청년   ⑦ 학생   ⑧ 기타 (   )
6. 귀 교회가 위치한 지역을 가장 잘 설명하는 것은 무엇입니까?

    ① 대도시 ② 중소도시 ③ 읍면지역 ④ 농어촌 ⑤ 기타 (   )
7. 귀 교회 소속 교단을 기록하여 주세요.

    ① 장로교 ② 감리교 ③ 성결교 ④ 오순절 ⑤ 기타 (   )

2) 목양교사 경험과 교육 현황 조사

8. 귀 교회에서 목양교사를 진행하는 부서는 어디입니까? 해당란에 모

두 표시하세요.

① 유아부 ② 유치부 ③ 유초등부 ④ 중고등부

⑤ 청년부 ⑥ 기타 (   )

9. 교회의 다음세대(유아, 유치, 유초등, 중고등, 청년)는 장년과 대비하여 대략 몇 퍼센트 입니까?

① 10%미만 ② 10~30% ③ 30~50% ④ 50~80%

⑤ 80~100% ⑥ 100%이상 ⑦ 기타(%)

10. 현 교회학교에 목양교사 사역을 실시한 기간은 얼마나 됩니까?

① 1~3년 ② 4~7년 ③ 8~10년 ④ 10년 이상 ⑤ 기타   년)

11. 현재 본인은 목양교사 사역을 하고 계십니까?

① 그렇다 / 12번으로 가세요 ② 아니다 / 16번으로 가세요.

12. 본인이 목양교사를 담당하는 교회학교 부서는 무엇입니까? 해당란에 모두 표시하세요.

① 유아부 ② 유치부 ③ 유초등부 ④ 중고등부

⑤ 청년부 ⑥ 기타 (   )

13. 현재 내 반(담당 부서 전체)의 전 재적생은 몇 명입니까?

① 5명 이내 ② 6~10명 ③ 11~20명 ④ 20~30명

⑤ 30명 이상 ⑥ 기타 (   )

14. 매주 내 반에 출석하는 학생들은 평균적으로 몇 명입니까?

① 5명 이내 ② 6~10명 ③ 11~20명 ④ 20~30명

⑤ 30명 이상 ⑥ 기타 (   )

15. 본인이 목양교사 사역을 진행한 기간은 얼마나 됩니까?

① 1년 미만 ② 1~3년 ③ 4~7년 ④ 7년 이상

⑤ 기타(년), 18번으로 가세요.

16. 목양교사 사역을 하지 않는 이유는 무엇입니까? 해당란에 모두 표시하여 주세요.

    ① 교회학교가 없어서   ② 주변에 아이(학생)가 없어서

    ③ 목양교사를 모르므로 ④ 목양을 하다가 실패하여 ⑤ 기타(   )

17. 교회학교 목양교사를 시작한다면 무엇을 필요로 합니까? 해당란에 모두 표시하세요.

    ① 목양교사 동기부여   ② 다음세대 향한 열정 회복

    ③ 주변 다음세대 조사   ④ 교육할 여건 확보

    ⑤ 목양교사 확보   ⑥ 목양교사훈련

    ⑦ 기타(   ) 36번으로 가세요.

18. 본인이 현재 진행하는 목양교사 사역은 무엇입니까? 해당란에 모두 표시하세요.

    ① 겟세마네 기도 ② 학교전도 ③ 1:1양육   ④ 주중심방

    ⑤ 무학년제   ⑥ 통합예배 ⑦ 통합찬양   ⑧ 기타(   )

19. 목양교사 사역이 추구하는 기도(1일 1시간)/전도(1주 1시간)/양육(주중 1:1, 1명)/심방(주중 전 재적생)을 어느 정도 진행합니까? 한 주간 평균입니다.

    ① 한 주간 기도시간 (분)

    ② 한 주간 전도시간 (시간)

    ③ 주중 1명, 1:1 양육 (한다, 안 한다)

④ 주중 전 재적생 심방(한다, 안 한다, 전화심방, 직접심방)

⑤ 기타 (   )

20. 현재 교회학교(유초등부 중심)에서 분반공부 시간에 사용하는 교재는 무엇입니까?

① 지난주 목사님 설교   ② 총회공과

③ 선교회 발행 교재   ④ 기타 교재 (   )

21. 현재 교회학교에서 분반공부 시간은 매주일 어느 정도를 진행합니까?

① 10분 이내   ② 11~20분   ③ 21~30분   ④ 30분 이상

⑤ 기타 (   )

3) 목양교사에 대한 교회적 지원 실태와 필요 조사

22. 목양교사로서 담임목회자가 어떻게 교회학교 목양에 참여하기를 바라고 계십니까? 해당란에 모두 표시하세요.

① 예산 배정   ② 다음세대 설교   ③ 겟세마네기도

④ 제자양육   ⑤ 교역자 배정   ⑥ 차량운행

⑦ 교사교육   ⑧ 교사격려   ⑨ 기타 (   )

23. 목양교사는 꼭 해야 한다고 생각합니까?

① 그렇다   ② 아니다   ③ 잘 모르겠다   ④ 기타 (   )

24. 왜 목양교사를 반드시 해야 한다고 생각하십니까?

① 주님의 지상명령   ② 교회학교가 성장   ③ 나의 상급

④ 목사님이 좋아하니까 ⑤ 기타 (   )

25. 목양교사를 받아들이는데 도움을 주었던 교회 사역들은 무엇입니까? 해당란에 모두 표시하세요.

   ① 제자양육   ② 교사대학
   ③ 교사 부흥회   ④ 교사헌신예배
   ⑤ 다음세대 외부 세미나   ⑥ 목양교사 하는 교회
   ⑦ 목양수련회 참석   ⑧ 기타 (   )

26. 목양교사를 위하여 교회적으로 진행하는 사역의 해당란에 모두 표시하세요.

   ① 교사헌신예배   ② 목양교사주일   ③ 교사 격려회
   ④ 교사대학   ⑤ 교사양육   ⑥ 타교회 탐방
   ⑦ 정기적인 축하 ⑧ 목양수련회 참석 ⑨ 기타 (   )

27. 목양교사를 시작하면서 본인이 훈련을 받은 것이 있다면 해당란에 모두 표시하세요.

   ① 목양교사 컨퍼런스   ② 목양교사 집중훈련
   ③ 목양 부흥회   ④ 목양수련회
   ⑤ 목양교사훈련(목양교사대학) ⑥ 목양현장체험
   ⑦ 목양하는 교회 탐방   ⑧ 기타 (   )

28. 목양교사가 되기 위하여 훈련을 받았습니까? (예, 아니요), '예' 라면 훈련 받은 기간은 얼마나 됩니까?

   ① 6개월 이내   ② 7개월~1년   ③ 2~3년
   ④ 4~5년   ⑤ 5년 이상   ⑥ 기타 (   )

29. 목양교사를 시작하면서 개인에게 일어난 긍정적인 변화가 있었나요? (예, 아니오) 대답이 '아니오' 일 경우 31번으로 가세요.

30. 목양교사 하며 받은 긍정적인 변화는 무엇입니까? 해당란에 모두 표시하세요.

   ① 영적축복1(말씀/기도)

   ② 영적축복2(전도/믿음/은사)

   ③ 마음의 축복(목자 심정/평안)

   ④ 범사의 축복(가문/리더/사람/건강/물질)

   ⑤ 사는 목적 발견   ⑥ 기타 (   )

31. 목양교사 사역하며 겪었던 어려움은 무엇입니까? 해당란에 모두 표시하세요.

   ① 학생관계   ② 부모관계   ③ 교사훈련

   ④ 사명감 유지   ⑤ 하루 1시간 기도 ⑥ 1주 1시간 전도

   ⑦ 주간 1명 양육 ⑧ 전 재적생 심방 ⑨ 많은 교회 사역

   ⑩ 기타 (   )

32. 목양교사를 하다가 낙심이 될 때 누구에게 도움을 요청할 수가 있나요? 해당란에 모두 표시하세요.

   ① 목회자(교역자)   ② 목사사모   ③ 타 목양교사

   ④ 목양 회복훈련   ⑤ 목양수련회   ⑥ 기타 (   )

33. 귀 교회학교가 성장하는데 목양교사가 미친 영향은 무엇입니까?

   ① 절대적이다   ② 어느 정도다

   ③ 큰 영향을 미치지 않았다   ④ 아무 영향도 없다

4) 목양교사 사역 이후의 바람

34. 나는 목양교사 안 하는 분들에게 목양교사를 소개하시겠습니까?

　　① 필수적으로　　② 적극적으로　　③ 그리한다

　　④ 그리 안 한다. 소개 안 한다면 36번으로 가세요.

35. 목양교사 사역을 소개한다면 추천하는 이유는 무엇입니까?

　　① 교회학교를 위하여　　② 교사 자신을 위하여

　　③ 목회자를 위하여　　④ 다음세대를 위하여

　　⑤ 부모를 위하여　　⑥ 건강한 교회를 위하여　　⑦ 기타 (　　)

36. 교회학교 목양교사를 위하여 교회 또는 목양교사훈련원이 진행하기를 바라는 내용은 무엇입니까? 해당란에 모두 표시하세요.

　　① 동기부여를 위한 컨퍼런스

　　② 교사의 질적 성장 위한 집중훈련

　　③ 지역별 교사부흥회　　④ 교사 사례 발표회

　　⑤ 교회교사훈련　　⑥ 정기적인 서적 출간

　　⑦ 목양하는 교회 지역별 네트워크　　⑧ 기타 (　　)

37. 목양교사로 사역하며 개인적으로 변화된 것 중에 3가지를 기록하여 주세요. 문항 중에 30번을 참조하세요.

　　1)

　　2)

　　3)